ARCHANGES ET MAÎTRES ASCENSIONNÉS

Comment travailler et guérir avec les divinités et les déités

Doreen Virtue, Ph. D.

Adapté de l'anglais
par Lou Lamontagne

Titre original anglais : Archangels & Ascended Masters
Copyright ©2004 Éditions AdA Inc. pour la traduction française
Cette édition est publiée en accord avec Hay House, Inc., Carlsbad, CA

Traduction : Intersigne : Lou Lamontagne
Correction : Monique Thouin
Révision : Nancy Coulombe
Typographie et mise en page : Sébastien Rougeau
Graphisme de la page couverture : Sébastien Rougeau

ISBN 2-89565-156-6
Première impression : 2004
Dépôt légal : premier trimestre 2004
Bibliothèque Nationale du Québec
Bibliothèque Nationale du Canada

Éditions AdA Inc.
1385, boul. Lionel-Boulet
Varennes, Québec, Canada, J3X 1P7
Téléphone : 450-929-0296
Télécopieur : 450-929-0220
www.ADA-INC.com
INFO@ADA-INC.COM

Diffusion

Canada : Éditions AdA Inc.
France : D.G. Diffusion
          Rue Max Planck, B. P. 734
          31683 Labege Cedex
          Téléphone : 05-61-00-09-99
Suisse : Transat - 23.42.77.40
Belgique : D.G. Diffusion - 05-61-00-09-99

Imprimé au Canada

Participation de la SODEC.
Nous reconnaissons l'aide financière du gouvernement du Canada par l'entremise du Programme
d'aide au développement de l'industrie de l'édition (PADIÉ) pour nos activités d'édition
Gouvernement du Québec - Programme de crédit d'impôt pour l'édition de livres - Gestion SODEC.

Sur la couverture : Guenièvre, déesse des relations amoureuses, de la fertilité et de la maternité.
Illustration de la couverture créée par Sharon George.
Photo de Doreen à Stonehenge, Angleterre à l'endos de la couverture : Steven D. Farmer.

Catalogage avant publication de la Bibliothèque nationale du Canada

Virtue, Doreen, 1958 -

Archanges et maîtres ascensionnés : comment travailler et guérir avec les divinités et les déités.
Traduction de : Archangels & ascended masters.

ISBN 2-89565-156-6
1. Anges - Miscellanées.   2. Dieux - Miscellanées.   3. Maîtres (Occultisme).   4. Prières.
I. Titre.

BF1999.V5714 2004   299'.93   C2004-940031-2

« Il y a ceux qui s'en sont allés rejoindre Dieu directement, sans garder aucune des limites inhérentes au monde physique, et qui gardent un parfait souvenir de leur identité terrestre. On pourrait les appeler les enseignants des enseignants, car même s'ils ne sont plus visibles, leur image peut être invoquée. Et ils apparaissent aux moments et aux endroits où ils peuvent être utiles. À ceux et celles que ces apparitions risquent d'effrayer, ils transmettent des idées. On ne peut les invoquer en vain, et il n'est personne dont ils n'ont pas conscience. Ils connaissent tous les besoins, de même que toutes les erreurs, sur lesquelles ils ferment les yeux. Le jour viendra où ces choses seront comprises. Entre-temps, ils mettent tous leurs dons au service des enseignants de Dieu, qui se tournent vers eux pour leur demander assistance… »

– Tiré de *Un cours en miracles,* manuel pour enseignants

À Dieu, aux archanges
et aux maîtres ascensionnés...
avec une gratitude et
une appréciation éternelles pour leur
amour divin, leurs enseignements et leur soutien.

Table des matières

PARTIE II : Invocations pour des besoins et des problèmes précis

Prières servant à communiquer avec plusieurs divinités
pour répondre à des besoins spécifiques

Gratitude

U ne multitude d'êtres merveilleux, tant sur Terre qu'au ciel, ont collectivement contribué à la réalisation du présent livre. Je tiens tout d'abord à remercier Steven Farmer, ma flamme jumelle et mon formidable mari. Je voudrais aussi exprimer ma plus profonde gratitude à Louise L. Hay, Reid Tracy, Jill Kramer, Christy Salinas, Leon Nacson ainsi qu'à tous les anges qui peuplent Hay House. Tous mes remerciements à Bill Christy pour l'aide qu'il m'a apportée dans mes recherches sur deux des êtres les plus insaisissables du monde spirituel ! Merci à ma famille pour son amour, son appui et son ouverture d'esprit, notamment à Bill et Joan Hannan, Ada Montgomery, Charles Schenk, Grant Schenk, Nicole Farmer, Catherine Farmer, Susan Clark et Nancy Fine.

Merci à Mary Kay et John Hayden, à Mairead Conlon ainsi qu'à Marie et Ted Doyle pour m'avoir fait venir en Irlande avec Steven et pour nous avoir prêté cette superbe maison sise au milieu de la magique vallée des fées si chère à Marie. Mes remerciements à Bronny Daniels, Lynnette Brown, Kevin Buck, Johnna Michelle et Carol Michaels pour le soutien que vous m'avez apporté durant l'écriture du présent ouvrage (sans oublier vos séances de reiki). Et mille mercis à Sharon George pour avoir réalisé la superbe œuvre d'art qui orne la couverture.

J'aimerais aussi dire mes remerciements à ceux et celles qui m'ont soumis des récits racontant leurs interactions avec certains maîtres ascensionnés. Et un énorme bouquet de gratitude aux personnes qui lisent mes livres, utilisent mes cartes divinatoires, écoutent mes programmes sur cassettes et assistent à mes séminaires. C'est pour moi un honneur de travailler avec vous, et votre soutien m'est extrêmement cher.

Quant à vous, mes amis célestes, j'ai peine à trouver les mots pour exprimer mon amour ainsi que mon appréciation pour

l'attention et l'accompagnement constants que vous m'offrez…
à moi et à nous tous. Merci d'avoir inspiré mes paroles et guidé
ma recherche durant tout le processus de rédaction du présent
livre.

Je n'aurais jamais pu y arriver sans votre aide à tous !

Introduction
De l'époque ancienne au nouvel âge

Un maître ascensionné est un grand guérisseur, enseignant ou prophète qui a un jour habité sur Terre et qui réside dorénavant dans le monde des esprits, d'où il nous prodigue son aide. Les maîtres ascensionnés proviennent de toutes les cultures, religions et civilisations, tant anciennes que modernes. On compte parmi eux des figures légendaires comme Jésus, Moïse et Bouddha, de même que des saints, des déesses et des dieux, des *bodhisattvas*, des *devas* et des déités.

Pendant de nombreuses années, j'ai consciemment travaillé avec différents archanges (des anges extrêmement puissants qui nous viennent en aide et qui sont hiérarchiquement placés au-dessus des anges gardiens) et maîtres ascensionnés, parmi lesquels se trouve l'archange Michael, Jésus et Marie. J'ai écrit sur les maîtres ascensionnés et les archanges dans un grand nombre de mes livres et j'ai partagé mes connaissances à leur sujet dans le cadre de mes ateliers.

Au cours de mes séances de lecture, j'aide souvent les gens à déterminer quelles sont les déités qui les accompagnent et leur servent de guides spirituels. En fait, c'est à l'occasion de ces séances que j'ai rencontré pour la première fois un grand nombre des divinités (autre terme pour « êtres divins ») dont je parle dans ce livre. Parfois, dans le cadre de mes ateliers, je désigne certains participants et leur demande de se lever parce que je peux apercevoir autour d'eux un grand nombre de maîtres ascensionnés. Je pose toujours aux gens les mêmes questions, auxquelles je reçois systématiquement les mêmes réponses :

« Saviez-vous que vous étiez entouré d'un grand nombre de maîtres ascensionnés ?

– Oui (ou – J'espérais que ce soit le cas.)

– Avez-vous fait appel ces êtres pour qu'ils viennent à vos côtés ?

– Oui. J'ai demandé à Dieu de m'envoyer de l'aide, quelle qu'elle soit. »

Même si je connaissais ces grands êtres et que j'avais déjà rencontré certains d'entre eux, je voulais acquérir des connaissances supplémentaires sur les anciennes divinités orientales de même que sur les maîtres ascensionnés du nouvel âge. Je désirais apprendre à les connaître moi-même, établir un rapport personnel avec chacun d'entre eux et connaître leur histoire et leurs traits uniques... au lieu de me contenter des descriptions que me faisaient les autres de leur personnalité, de leurs caractéristiques et de leurs fonctions.

J'ai donc rédigé le présent livre pour qu'il serve en quelque sorte de répertoire du monde spirituel car, comme bien des gens que j'ai rencontrés, j'avais du mal à m'y retrouver entre toutes les divinités dont j'avais entendu parler. J'en savais trop peu sur leur identité, leurs fonctions et le degré auquel on pouvait leur faire confiance, en plus d'avoir eu vent de commentaires contradictoires sur certaines d'entre elles. Par exemple, j'avais entendu dire que certaines déesses étaient bien intentionnées, alors que d'autres étaient considérées comme peu amicales. J'avais également reçu des renseignements plus ou moins clairs sur divers maîtres ascensionnés associés au nouvel âge, ainsi que sur les dieux et les déesses des cultures anciennes et des religions orientales. Sans compter cette multitude de saints et d'archanges !

Les choix personnels

Je ne me suis jamais sentie à l'aise de dire aux gens à qui ils devraient s'adresser dans le monde spirituel. Même si je travaille étroitement avec Jésus, je ne me crois pas obligée d'imposer sa présence à d'autres. Mon rôle consiste en quelque sorte à aider les gens à syntoniser la station de radio qui correspond le plus à leurs goûts. Dans mes livres et au cours de mes ateliers, j'enseigne aux gens à ouvrir les voies de communication divines pour qu'ils puissent voir, entendre, sentir et comprendre avec plus de clarté les messagers célestes.

Par conséquent, je considère ce livre avant tout comme une introduction à divers maîtres ascensionnés. Je vous recommande de vivre votre propre expérience avec chacune des déités mentionnées et de constater par vous-même si ce contact vous rend plus heureux, en meilleure santé et plus en paix avec vous-même. Vous devez pour ainsi dire procéder de façon scientifique : Vous essayez de travailler avec des êtres divins, puis vous évaluez les résultats.

Invoquer les maîtres ascensionnés ne veut pas dire leur vouer un culte – loin de là ! La démarche que je propose s'apparente plutôt au coup de téléphone que les participants au jeu télévisé *Who Wants to be a Millionnaire* sont autorisés à donner à un ami au cours de l'émission. Pour ceux et celles qui ne connaîtraient pas ce jeu-questionnaire, chaque concurrent qui est dans l'impossibilité de répondre à une question peut recourir, par téléphone, à l'aide d'un ami parmi cinq possibilités. Par exemple, s'il se fait poser une question d'algèbre, il peut téléphoner à un copain professeur de mathématiques (tout en priant l'aide de Dieu).

Dans ce jeu-questionnaire, tout comme dans la vraie vie, il se peut que vous connaissiez plusieurs personnes qui seraient susceptibles de vous aider. À mon avis, plus vous avez d'amis qui peuvent vous venir en aide, mieux c'est !

En d'autres mots, vous pouvez avoir Jésus comme guide principal, tout en nouant des relations bénéfiques avec d'autres êtres merveilleux. Vous n'êtes pas obligé de faire partie d'un groupe religieux ni de chercher à adopter un comportement irréprochable pour bénéficier des conseils et du soutien de maîtres ascensionnés. Vous n'avez qu'à les invoquer avec sincérité, ce dont nous parlerons davantage plus loin dans le présent ouvrage.

À l'époque ancienne, un grand nombre des déités dont nous parlerons dans ce livre étaient vénérées tout autant que l'est aujourd'hui notre Créateur, à qui nombre d'entre nous vouons un culte. Or, de nos jours, nous ne rendons pas de culte aux déités, nous les apprécions. Elles sont des dieux et des déesses avec un *d* minuscule, signe qu'elles font partie du Dieu avec un grand *D*. En effet, les déités représentent les multiples visages, aspects, traits de personnalité et caractéristiques particulières que Dieu nous présente. Et au bout du compte, comme Dieu est partout, il est présent dans les déités ainsi qu'en nous. En d'autres termes, toutes les déités et l'ensemble d'entre nous ne faisons qu'un avec Dieu.

Pour éviter tout malentendu, mentionnons d'emblée que le présent livre ne vise aucunement à promouvoir le polythéisme, c'est-à-dire la croyance en plusieurs dieux et leur vénération. Comme nous l'avons mentionné ci-dessus, les déités abordées dans ce livre représentent des aspects ou des créations du Dieu avec un grand *D*. J'insiste sur le fait que mon objectif n'est pas de vous encourager à vouer un culte à l'endroit des divinités, mais plutôt d'apprendre à les apprécier en tant que présents offerts par notre Créateur pour nous aider à aimer davantage, à guérir tous nos maux et à progresser dans notre cheminement spirituel. Accepter leur aide équivaut à dire merci à Dieu.

Les trois principales religions qui existent aujourd'hui dans le monde sont monothéistes, terme dérivé des mots grecs *monos*, qui veut dire « unique », et *theos*, qui veut dire « Dieu ». Le judaïsme, le christianisme et la religion islamique sont monothéistes car leurs tenants croient qu'il n'existe qu'un seul dieu. Selon le christianisme, Dieu se divise en trois entités : le Père, le Fils et le Saint-Esprit ; toutefois, celles-ci sont toutes des aspects du Créateur, qui est un. De même, les anges, les archanges et les maîtres ascensionnés ne font qu'un avec Dieu et s'inscrivent dans un système monothéiste.

Le monothéisme diffère des positions suivantes :

- **L'agnosticisme :** Absence de certitude à propos de Dieu, des dieux, de la spiritualité ou de la religion. Les tenants de cette doctrine affirment que tout ce qui concerne Dieu est inconnaissable.

- **L'athéisme :** Doctrine consistant à nier l'existence de Dieu et de la spiritualité.

- **Le déisme :** Position des personnes qui croient avec certitude en l'existence d'une divinité et qui accordent une grande importance à la moralité.

- **L'hénothéisme :** Position consistant à vénérer un dieu unique, tout en reconnaissant l'existence d'autres dieux (ou du moins en étant ouvert à cette possibilité).

- **Le panthéisme :** Doctrine selon laquelle Dieu est l'unité du monde et toute chose et toute personne sont en Dieu.

- **Le polythéisme :** Doctrine qui admet l'existence et l'adoration de plusieurs dieux au lieu d'un seul Créateur.

Le coffre au trésor de l'histoire

Dans le cadre des recherches que j'ai effectuées en vue de la rédaction du présent livre, j'ai consulté des douzaines de livres et d'encyclopédies sur les saints, les dieux, les déesses, les divinités et les archanges ; j'ai également fait appel à des experts dans le domaine. J'ai aussi passé en revue des pages et des pages d'information transmise par des voies paranormales en faisant appel à mon expérience à titre de psychothérapeute voyante, afin d'en extraire des renseignements utiles et authentiques sur les maîtres ascensionnés.

Dans la documentation relative au nouvel âge que j'ai fouillée, certains renseignements semblaient authentiques, mais je craignais que le lourd jargon ésotérique employé par les auteurs rende ces textes incompréhensibles aux personnes non familiarisées avec ce type de terminologie. Par exemple, qui d'autre à part un habitué du nouvel âge saurait ce qu'est un « chohan du sixième rayon » ? Voilà le type de termes que j'ai rencontrés au fil de mes recherches sur les maîtres ascensionnés du nouvel âge.

Je voulais créer un livre rempli d'explications claires et simples sur tout ce qui concerne chacun des maîtres ascensionnés. Je souhaitais également offrir aux gens un moyen simple de déterminer à quelle divinité ils devraient faire appel pour des questions précises. Par exemple, j'explique qui invoquer pour obtenir une guérison, pour solutionner des problèmes liés à l'abondance ainsi que pour les questions touchant les relations amoureuses et la famille.

D'apparence simple au départ, ce projet s'est avéré ardu, car il existe des milliers de déités. J'ai également eu la tâche plus difficile car je tenais à faire des recherches sur les maîtres ascensionnés popularisés par madame Blavatsky, cofondatrice de la Société théosophique, et par ses successeurs Alice Bailey et Elizabeth Clare Prophet. C'est à la fin des années 1870 et au début des années 1880 que madame Blavatsky a commencé de transmettre des messages provenant d'êtres qu'elle appelait « frères et *mahatmas* ». C'est elle qui a mentionné pour la première fois des noms tels que Kathumi, Serapis Bey, El Morya et Saint-Germain, aujourd'hui bien connus dans les cercles du nouvel âge.

Au cours de ses séances publiques, madame Blavatsky convoquait des voix désincarnées et des silhouettes masculines fantomatiques qui généraient des messages écrits à la main. Les critiques de l'époque affirmaient qu'on pouvait reconnaître dans ces lettres son écriture et celle de ses collaborateurs et qu'elle payait des gens pour apparaître sur scène en prétendant être des maîtres ascensionnés.

En 1915, Alice Bailey, fille d'un riche aristocrate britannique, rencontre Blavatsky et s'imprègne des principes de la théosophie. Par la suite, Alice commence de recevoir des messages de Kathumi ainsi que d'un maître tibétain nommé Djwhal Khul. Elle a publié 24 livres à partir de ces transmissions, qui sont remplis de concepts spirituels profonds et extrêmement complexes.

Entre les années 1950 et aujourd'hui, Elizabeth Clare Prophet et feu son mari, Mark, ont fait renaître l'intérêt pour ces êtres, tout en en ajoutant quelques-uns au répertoire existant.

Blavatsky, Bailey et Elizabeth Clare Prophet utilisent toutes des termes exotiques comme « triple flamme de la vie » et « Élohim du troisième jour », qui n'ont jamais été clairement définis. Toutefois, j'ai appris à garder l'esprit ouvert grâce à ma formation en psychologie, en philosophie et en *channeling*. J'entendais parler de Kathumi, d'El Morya et de maître Hillarion depuis des années et j'avais écouté les conférences sur cassettes d'Elizabeth Clare Prophet. De plus, j'avais moi-même vécu de profondes expériences avec Serapis Bey et saint Germain.

Je me demandais : « Qui sont réellement ces entités ? » Comme j'étais rompue à la recherche, j'étais incapable de me satisfaire des comptes rendus des autres. Je voulais en apprendre plus par mes propres moyens sur les antécédents historiques de ces maîtres et en savoir davantage sur les expériences que d'autres personnes avaient vécues en communiquant avec eux.

Lorsque j'ai fait des recherches sur les nouveaux maîtres ascensionnés, j'ai trouvé des milliers d'ouvrages différents – dont une grande partie citaient mot pour mot des transmissions reçues par Blavatsky, Bailey et Elizabeth Clare Prophet. En d'autres termes, à part les écrits de ces trois personnes, il n'existait pas beaucoup de sources d'information concernant les maîtres ascensionnés. J'ai appris, toutefois, que la personnalité actuelle de plusieurs des maîtres leur viendrait d'individus ayant réellement vécu, et que leurs noms sont des pseudonymes adoptés pour protéger l'identité de ces vraies personnes. De plus, Blavatsky, Bailey et Elizabeth Clare Prophet affirmaient que les maîtres ascensionnés avaient souvent été, dans leur vie antérieure, des personnages célèbres comme Pythagore, Christophe Colomb et saint François.

J'ai alors poursuivi mes recherches sur ces nouveaux maîtres ascensionnés, mais dans bien des cas je me suis retrouvée dans un cul-de-sac. En effet, à part ce que Blavatsky, Bailey et Elizabeth Clare Prophet ont écrit, il semble y avoir très peu d'information sur l'histoire de certains des maîtres ascensionnés du nouvel âge.

Toutefois, je savais par expérience que le *channeling* est une activité multidimensionnelle et que même une personne qui reçoit des messages de son propre *ego* peut obtenir des renseignements authentiques et utiles. J'ai donc essayé d'entrer moi-même en contact avec ces êtres. Je me disais que s'ils me répondaient il pourrait y avoir lieu de faire des recherches plus poussées, ce qui pourrait intéresser les chercheurs encore plus tenaces que moi.

Quand je suis entrée en communication avec certaines des déités du nouvel âge, j'ai vécu des expériences empreintes d'un amour profond et réussi à obtenir des renseignements étonnants, ce qui m'a agréablement surprise. J'ai inclus dans ce livre les différents maîtres ascensionnés nouveaux ou du nouvel âge principalement comme outil de référence pour que le lecteur sache de quoi le monde spirituel est fait. Dans les cas où leur origine est incertaine, j'en ai fait mention.

Cependant, les maîtres ascensionnés du nouvel âge ne sont pas si différents des divinités de l'ancien temps. De nombreuses déités anciennes étaient inspirées de la légende et de la tradition plutôt que de vrais êtres humains. Les Grecs et les Romains, par exemple, n'ont jamais affirmé que leurs dieux et leurs déesses étaient des personnes réelles passées de l'autre côté. Pour eux, ces déités avaient leur origine dans le monde spirituel et y restaient.

À mesure que je communiquais avec chacune des déités des temps anciens et du nouvel âge, j'étais frappée par le caractère complet et distinct de la personnalité et de l'énergie de chacune d'entre elles. Mes contacts avec elles ont donné lieu à une série de conversations uniques avec un groupe extrêmement varié d'hommes et de femmes.

Souvent, j'évitais de faire des recherches sur une déité jusqu'à ce que je sois entrée en contact avec elle une première fois. Quand, par la suite, je me documentais sur cette déité, j'étais stupéfiée de voir à quel point ce que j'avais appris au cours de mes expériences personnelles ressemblait aux descriptions de ses traits et caractéristiques uniques figurant dans la littérature. Ainsi, quand j'ai voulu entrer en contact avec Artémis, une puissante femme ressemblant à une fée m'est apparue. Plus tard, j'ai vu des peintures de cette déesse qui correspondaient exactement à ce que j'avais vu.

J'ai également été frappée par les similitudes qui existent entres les diverses histoires racontant la naissance des déités masculines. À plusieurs reprises, j'ai lu des histoires décrivant une figure patriarcale qui ordonnait à l'emporte-pièce d'exécuter tous les nouveau-nés de sexe masculin de son royaume parce qu'un concurrent potentiel menaçait son règne. La mère de l'enfant cachait alors son fils et l'enfant grandissait dans des circonstances exceptionnelles qui favorisaient sa croissance spirituelle et l'incitaient à devenir un grand héros.

J'ai également lu de nombreuses histoires où un dieu mâle naissait dans une famille riche ou de descendance royale et renonçait à son rang pour se tourner vers l'enseignement spirituel et la direction des âmes. J'ai alors commencé de comprendre que ces histoires constituaient des légendes archétypales qui étaient peut-être inspirées de faits historiques.

Il est possible que ces histoires – et les déités elles-mêmes – constituent une façon de faire connaître aux gens certains aspects de Dieu, comme son pouvoir de guérison, qui peut se concentrer dans la personnalité d'un dieu guérisseur. Ou peut-être que si nous concentrons nos prières et nos pensées sur une idée – comme une déesse ou un dieu – pendant suffisamment longtemps, ces pensés collectives en viennent à donner vie à un organisme spirituel qui adopte le comportement que nous en sommes venus à attendre de lui. Tout notre potentiel de pensée humaine s'incarne dans cette déité et fructifie par la suite comme le capital et l'intérêt d'un compte bancaire spirituel. Il se peut que nous, les êtres humains, nous branchions sur des divinités qui existent déjà et il est possible que nos croyances collectives et nos légendes créent ces êtres, qui en viennent à posséder leur propre force de vie.

Entourée d'amour

En écrivant ce livre, mon but était clair : Je comptais choisir un certain nombre de maîtres ascensionnés, apprendre à les connaître personnellement, faire des recherches sur chacun d'eux, canaliser des messages venant d'eux puis coucher sur papier mes expériences et mes recommandations. Pour le reste, c'est à vous de jouer. Si je n'ai pas inclus votre maître ascensionné favori, j'en suis désolée. J'ai cru nécessaire de restreindre ma liste afin d'éviter d'engloutir mes lecteurs sous une avalanche de déités. Grâce à la prière et au travail, je voulais créer un ouvrage couvrant un vaste éventail de divinités qui auraient quelque chose à offrir à tous et à toutes.

Au cours de mes recherches et de la rédaction du livre, j'ai eu la merveilleuse occasion de fréquenter ces divinités étonnantes, bienfaisantes et toutes-puissantes. Souvent, après avoir passé la journée à animer des ateliers, il m'arrivait de travailler jusque tard dans la nuit. Mes dernières pensées avant de m'endormir portaient alors sur les déesses et les *bodhisattvas* à propos desquels je venais tout juste d'écrire. Durant la nuit, je me sentais entourée d'énergie bienfaisante et les divinités entraient souvent en communication avec moi. Au matin, je m'éveillais toute rafraîchie et habitée par un amour divin !

La plupart des transmissions rapportées dans le présent livre sont survenues à l'extérieur, dans de formidables paysages naturels. J'ai eu la chance de passer du temps adossée aux pierres magiques de Stonehenge et d'Avesbury, en Angleterre, d'admirer les reflets mystiques de la mer d'Irlande, d'escalader les falaises volcaniques escarpées de Kona, à Hawaii, de parcourir les coteaux verdoyants de la Nouvelle-Zélande et d'explorer les imposants massifs rocheux de Joshua Tree, en Californie. C'est dans ces lieux magiques que j'ai reçu ces messages.

L'une de ces transmissions m'a fait vivre une expérience singulière. J'avais découvert que les maîtres ascensionnés me transmettaient des messages tout à fait unique, et que chacun d'entre eux possédait une personnalité et un style distincts, mais j'ai été stupéfiée de constater que deux d'entre eux, Maitreya et Hotei, me transmettaient le même message presque mot à mot – lequel portait sur l'importance de la joie et du rire. J'avais communiqué avec eux à plusieurs jours d'intervalle, mais leurs messages semblaient se compléter les uns les autres. Je leur ai donc demandé de m'expliquer ce qu'il en était.

Quelques heures plus tard, je suis entrée dans une boutique qui vendait des articles liés au bouddhisme. Le premier livre que j'ai choisi s'est presque automatiquement ouvert sur une page portant sur Hotei. Imaginez ma surprise lorsque, en lisant le passage qui s'offrait à moi, j'ai compris que Maitreya et Hotei étaient une seule et même entité ! En poursuivant mes recherches, j'ai pu confirmer ce fait. Voilà donc pourquoi ils me disaient tous les deux la même chose !

❧ ❧ ❧ ❧

À l'occasion de la rédaction du présent ouvrage, j'ai découvert certains maîtres ascensionnés avec qui je travaillais déjà sans m'en rendre compte. J'ai également noué des relations étroites avec des déités que je ne connaissais pas. Au fur et à mesure que vous lirez, vous vous rendrez compte que ces relations sont remplies de joie et d'événements miraculeux. Je prie pour que ces êtres soient pour vous des amis bienveillants et pour que vous profitiez de l'aide puissante qu'ils peuvent vous apporter.

Dans les pages qui suivent, je décris aussi les maîtres ascensionnés que je considère hautement dignes de confiance. Ces êtres travaillent en étroite collaboration avec le Créateur, vos anges gardiens ainsi que tous les artisans de lumière de la Terre afin de nous orienter vers la paix. Dans l'au-delà, ils consacrent leur temps à cette cause alors qu'ils pourraient tout simplement évoluer tranquillement dans le monde des esprits.

Les divinités peuvent aussi nous apporter de l'aide dans des situations qui sont susceptibles de survenir dans l'avenir, sous l'influence des changements terrestres et des bouleversements sociaux. Ainsi, elles peuvent nous aider à éviter les catastrophes naturelles, à éviter ou à contenir les guerres, à assurer un approvisionnement adéquat en nourriture et en eau et à guérir nos corps. Quoi qu'il arrive, les archanges et les maîtres ascensionnés seront à nos côtés. Personne ne peut les éloigner de nous ! Voilà une raison de plus pour laquelle il est bon que les artisans de lumière se familiarisent avec les différentes divinités et connaissent le type d'assistance que celles-ci peuvent offrir. Dans l'avenir, ces divinités se révéleront de véritables alliées (tout comme elles le sont présentement).

Les maîtres plus récents

Il existe certains êtres très puissants qui ont quitté tout récemment leur enveloppe physique et qui aident la planète Terre à partir de leur demeure dans le monde spirituel. Certains d'entre eux sont bien connus, tandis que d'autres sont d'obscures personnalités dont les noms ne vous diraient rien. J'ai pris connaissance de l'existence d'un grand nombre de ces nouveaux maîtres au cours de mes lectures, notamment le Dr Martin Luther King fils, Walt Disney, John Denver et mère Teresa.

Toutefois, j'ai choisi de ne pas les inclure dans le présent livre parce qu'ils constituent davantage des guides spirituels célèbres que des maîtres ascensionnés comme tels. Rien ne nous empêche de faire appel à l'aide de ces grands êtres, à qui il arrive également de nous porter assistance à notre insu. Dans plusieurs décennies, ces êtres accéderont probablement aux fréquences plus élevées qui sont celles des maîtres ascensionnés.

Par exemple, un jour que j'étais assise près des massifs rocheux de Stonehenge, la regrettée princesse Diana s'est mise à me parler alors que j'enregistrais des messages provenant de déités celtiques. Je ne l'avais pas invoquée ni n'avais demandé son aide et elle s'est manifestée à moi de son propre chef. Elle m'a dit d'emblée savoir qu'elle n'était pas considérée comme une très bonne mère, mais que ses enfants avaient néanmoins toujours été pour elle la première de ses préoccupations, puis elle a ajouté clairement :

« *Maintenant, les enfants du monde comptent pour moi par-dessus tout. Ils se trouvent présentement à la croisée des chemins et ont grand besoin de leadership. Leur bien-être me tient à cœur, comme à vous et à un grand nombre d'autres personnes. Je perçois une fêlure dans leur masse sous-jacente, qui fait obstacle à leur cheminement. Le mécontentement qui bouillonne en eux éclate déjà en une rage violente. Tout comme ma mort a été considérée comme extrêmement violente, j'aperçois à l'horizon de nombreuses explosions du côté de la jeunesse dont la violence nous laissera tous pantois... à moins d'une intervention préventive. Une campagne menée par les mères est le seul moyen de nous sortir de ce fossé, où sont engloutis les enfants, leurs parents et leurs enseignants. Ce fossé s'approfondit de minute en minute et il n'y a pas de temps à perdre. Un grand nombre d'entre nous avons formé ici un comité chargé de coordonner les volontaires adultes qui veulent faire quelque chose. Demandez-moi de vous assigner une tâche si vous tenez à savoir ce qui est attendu de vous dans le cadre de cette campagne.* »

Il est intéressant de constater que les gens que j'ai rencontrés en Amérique du Nord n'hésitent pas à considérer la princesse Diana comme une influence spirituelle bienfaisante, mais que cette idée passe plutôt mal en Grande-Bretagne, où la princesse a souvent été critiquée avec virulence de son vivant. J'ai tout de même été très impressionnée par son message et c'est pourquoi je l'ai inclus ici.

Demandez avec amour

Les divinités décrites dans le présent livre sont tout à fait réelles. Si vous venez tout juste de commencer à travailler avec des guides spirituels ou si vous éprouvez quelque scepticisme en ce qui a trait à leur existence, vous vous apercevrez bientôt que le simple fait de lire ce livre constitue une invocation des grandes divinités qui sont à vos côtés. Elles se rendront sans tarder auprès de toute personne qui les appelle, sans exception.

Au cours de la rédaction du présent livre, j'ai vécu de nombreuses expériences très intenses avec les divinités. Ainsi, au moment où j'ai terminé la plus grande partie de l'ouvrage, il me restait à rédiger des invocations pour environ la moitié des déités décrites. En deux jours, j'ai donc rédigé des invocations sans arrêt. J'ai terminé au matin, la veille du jour où je devais m'envoler de l'aéroport O'Hare, à Chicago, à l'aéroport Sky Harbor de Phoenix – deux endroits très fréquentés.

Pendant tout le voyage, mon mari et moi n'avons cessé de nous émerveiller de la façon harmonieuse dont tout se déroulait. Par exemple, le personnel de l'aéroport était exceptionnellement gentil, on m'a servi l'un des meilleurs repas végétaliens que j'aie jamais mangés au cours d'un voyage en avion. Nous avons ensuite séjourné dans un merveilleux hôtel à Phoenix et toutes sortes de portes se sont ouvertes devant nous au cours de la journée. De plus, Steven et moi avions remarqué que nous nous sentions tous deux extrêmement bien, tant physiquement qu'émotionnellement.

« Quelle journée formidable, ne cessions-nous de nous dire. Tout se déroule si bien ! » Puis, j'ai compris pourquoi : J'avais invoqué un si grand nombre de déités avant notre départ que nous étions aidés et guidés par le nec plus ultra des êtres célestes !

❧ ❧ ❧ ❧

J'aimerais vous donner le conseil suivant : Assurez-vous de ne demander aux déités de vous aider que pour des tâches faisant appel à l'amour divin. Si vous leur demandez d'accéder à une demande empreinte d'un désir de vengeance ou d'acrimonie, cette énergie négative vous reviendra par la suite avec une intensité multipliée. Si vous êtes dans une situation où vous éprouvez de la colère envers quelqu'un, il vaut mieux demander aux divinités de créer une solution pacifique au lieu de chercher à soutirer deux kilos de chair de l'autre personne. Après tout, votre objectif réel est toujours l'atteinte de la paix et les maîtres ascensionnés ne demandent qu'à vous aider à progresser dans cette voie. En fait, les maîtres ascensionnés apportent leur aide à toute personne qui en fait la demande – quel que soient ses obédiences spirituelles ou religieuses et son mode de vie –, car leur rôle consiste à réaliser le plan divin de paix mondiale, une personne à la fois. Ne vous empêchez pas de demander des faveurs aux déités sous prétexte que vos besoins sont trop modestes et que vous craignez de déranger les êtres divins et de leur faire perdre leur temps. Si la réalisation de ces faveurs vous procure la paix, alors ce sera pour ces êtres un honneur sacré de vous aider.

La présentation du livre

Ce livre ne constitue surtout pas un répertoire complet des déités existantes. Comme je l'ai mentionné précédemment, j'ai limité mon choix de maîtres ascensionnés à ceux avec lesquels j'ai eu des expériences favorables. J'ai également synthétisé les données descriptives portant sur ces êtres. Par exemple, le présent ouvrage ne relate pas la totalité du récit mythologique d'Apollon, dieu du soleil. Il offre plutôt une série de renseignements concis pour que vous compreniez comment Apollon et les autres déités peuvent faire partie de votre équipe spirituelle. Si vous désirez obtenir plus de renseignements sur un maître ascensionné en particulier, vous pouvez consulter l'une des encyclopédies exhaustives qui existent sur le sujet – dont plusieurs titres sont indiqués dans la bibliographie qui figure à la fin du livre.

Dans la première partie, vous trouverez pour chaque divinité la liste de ses autres noms les plus couramment employés ainsi que son pays, sa religion ou son affiliation d'origine. Puis, vous pourrez lire un bref historique et quelques renseignements la concernant, suivis du compte rendu d'une transmission (j'ai indiqué les paroles des déités en *italique* pour qu'elles soient bien en évidence dans le texte). Ensuite, vous trouverez un paragraphe intitulé « Aide apportée », qui indique les domaines précis dans lesquels chaque divinité est le mieux en mesure d'offrir son aide.

À la suite de tout ça, je présente pour chaque déité une invocation qui vous aidera à entrer en contact avec elle. Les invocations fournies dans le présent livre ne sont que des suggestions et non pas des règles absolues. En fait, je les considère plus comme des invitations que des invocations. Si vous n'avez jamais invoqué de divinité auparavant, ce livre constituera pour vous une excellente façon de vous initier à cette pratique. Toutefois, tout comme vous ajoutez votre touche personnelle quand vous suivez une recette, je vous encourage à employer vos propres formulations au cours de vos invocations. Après tout, les mots que vous utilisez n'ont aucune importance pour les maîtres ascensionnés. Ce qui compte, c'est que vous fassiez appel à eux et que vous ouvriez votre cœur dans le but de recevoir une aide spirituelle.

Dans la deuxième partie, vous trouverez des prières que vous pouvez utiliser quand vous travaillez avec plusieurs divinités, applicables à des problèmes ou des situations spécifiques. Tout comme pour les invocations indiquées dans la première partie, ces prières ne sont que des modèles et non des directives rigides. Laissez-vous guider par les mots qui viennent dans votre cœur et dans votre esprit. Vous ne pouvez pas vous tromper quand vous invoquez les divinités. Comme elles sont bienveillantes et entièrement clémentes, l'éloquence n'a aucune importance quand vient le temps de faire appel à leur aide !

La troisième partie est divisée en différentes rubriques sur des objectifs souhaitables dans divers domaines de la vie, comme « Intensifier ma foi » ou « Nouer une relation avec l'âme sœur ». Sous chaque rubrique sont indiqués les noms de tous les maîtres ascensionnés et les archanges qui se spécialisent dans ce domaine. J'ai toujours voulu avoir à ma disposition ce type de liste et c'est l'une des raisons pour lesquelles j'ai eu envie d'écrire le présent livre. Il constituera pour vous un guide de référence pratique à garder à portée de main pour savoir qui consulter dans les périodes où vous êtes dans le besoin.

La quatrième partie comprend diverses ressources utiles, comme un glossaire et une bibliographie qui vous permettra d'approfondir vos connaissances.

Ce livre peut également faire office d'oracle. Posez une question et laissez les pages tourner d'elles-mêmes. C'est à la page où le livre s'ouvrira que vous pourrez trouver la réponse à votre question.

J'espère de tout cœur que cet ouvrage constituera pour vous une bonne introduction et vous permettra de découvrir des êtres divins qui deviendront pour vous des compagnons bienveillants de tous les instants. Je souhaite qu'il soit le point de départ d'une multitude de merveilleuses relations avec les archanges et les maîtres ascensionnés !

PARTIE I

Les Archanges et les Maîtres Ascensionnés

Abundantia

(Rome, Germanie)

Également appelée Abundia, Habone, Fulla.

Merveilleuse déesse de la réussite, de la prospérité, de l'abondance et de la chance, Abundantia est également considérée comme une protectrice des économies, des investissements et de la richesse. Il y a de nombreux siècles, son image ornait la monnaie romaine.

Dans la mythologie romaine, Abundantia apportait de l'argent et des grains de céréales aux gens pendant leur sommeil, puisant ses présents à même la corne d'abondance qu'elle transportait toujours avec elle.

Dans la mythologie nordique, on l'appelait Fulla, principale servante et favorite de Frigg (déesse nordique de l'atmosphère et des nuages). Fulla transportait les objets de valeur de Frigg ; elle était également son émissaire et accordait des faveurs aux mortels qui faisaient appel à l'aide de la déesse.

Chaque fois que je vois Abundantia, des pièces de monnaie en or se déversent de son être comme par magie, sans provenir de quelque contenant que ce soit. Les pièces semblent tout simplement émerger de sa personne, formant même un sillage derrière elle ; on entend également un mélodieux cliquetis comparable à celui des costumes agrémentés d'ornements métalliques qu'arborent les danseuses du ventre. Elle est d'une grande beauté et d'une pureté angélique, très patiente et extrêmement aimante.

« *Je suis là pour indiquer la voie vers la source de tout,* dit-elle. *C'est mon plaisir le plus grand de récompenser vos efforts, et j'éprouve un sentiment d'extase en entendant les manifestations de gratitude et de joie des personnes qui bénéficient de mon intervention. Je suis ici pour vous servir, pour vous aider à planifier une existence de béatitude financière ininterrompue, et à découvrir des trésors cachés dont vous ignorez encore l'existence.* »

Abundantia se comporte comme une gracieuse hôtesse qui vous demande à tout moment si vous avez besoin de quelque chose et qui répond avec amour à vos moindres désirs. Voici ce qu'elle dit :

« *Je m'introduis aisément à l'intérieur de vos rêves pour répondre à toutes vos questions sur la haute finance, les placements et autres sujets du genre. N'oubliez jamais que l'abondance financière peut contribuer à la réalisation de projets porteurs de guérison et vous procurer une grande liberté de temps. Mais l'argent peut aussi constituer un piège si vous laissez vos tracas et vos inquiétudes avoir le meilleur de vous-même. C'est là que j'entre en scène : je chasse ces pensées inférieures et je vous remets sur la voie de la prospérité.* »

Aide apportée :

- Attirance vers soi de tous les types d'abondance
- Conseils et protection en matière de placements financiers
- Chance
- Protection des objets de valeur

Invocation

En signe de confiance en la volonté du ciel de vous aider, prenez une ou plusieurs pièces de monnaie dans la main autre que celle avec laquelle vous écrivez (votre main réceptive) et prononcez les paroles suivantes :

« Merveilleuse Abundantia, j'aspire à être comme toi – insouciante et entièrement confiante de posséder déjà tout ce dont j'ai besoin, à tous égards. Aide-moi à remplacer l'ensemble de mes soucis d'argent par de la joie et de la gratitude. Aide-moi à ouvrir les bras pour que le ciel puisse aisément me venir en aide. Je te remercie de tous tes conseils, de tes présents et de ta protection. Je te suis vraiment reconnaissant. Rempli de joie et totalement comblé, je lâche prise et laisse le calme s'installer en moi, entièrement certain d'être entre bonnes mains, autant dans l'immédiat que dans l'avenir. »

AEngus

(Irlande)

Également appelé Angus, Oenghus, Angus McOg,
Angus of the Brugh.

AEngus est un dieu celtique de l'amour. Son nom signifie « jeune fils ». AEngus joue de la harpe, instrument magique en or qui hypnotise toutes les personnes qui entendent les douces mélodies qui s'en échappent. Comme Cupidon, il contribue à rapprocher les âmes sœurs. Chaque fois que la survie d'un amour est menacée par des querelles ou des ingérences extérieures, AEngus tisse autour des amants une toile à l'aide des mélodies irrésistibles de sa harpe d'or afin de les réunir à nouveau. On dit que lorsqu'il envoie un baiser celui-ci se transforme en un superbe oiseau qui porte des messages d'amour vers les amants qui ont fait appel à lui. AEngus vit entouré de fées dans un *brugh* (palais de fées). Il est le demi-frère de la déesse Brigit.

L'aide apportée par AEngus dans le domaine des relations amoureuses est légendaire ; sa rencontre avec Caer, sa propre âme sœur, tient elle aussi de la légende. AEngus a aperçu Caer pour la première fois en rêve et son cœur s'est immédiatement empli d'un amour des plus profonds. À son réveil, il s'est mis à la recherche de sa bien-aimée, même s'il ignorait encore qui elle était et où elle se trouvait. Le tenace AEngus a fini par trouver sa belle, qui était attachée à de superbes cygnes avec des chaînes d'argent. AEngus s'est alors transformé en cygne afin de la sauver, après quoi les amants sont demeurés unis jusqu'à la fin des temps.

Les deux amoureux passaient leur temps à chanter et à jouer des ballades romantiques aux amants de partout. AEngus a également aidé deux jeunes amants appelés Diarmuid et Grainne à se tirer d'une situation menaçante. Une fois les deux jeunes gens hors de danger, AEngus a affronté leur persécuteur jusqu'à ce qu'il accepte de cesser de tourmenter les deux amoureux.

Il était tout à fait approprié que je fasse ma première rencontre avec AEngus alors que j'étais assise sur un banc au bord de la mer d'Irlande, au sud de Dublin. Quand j'ai fait appel à lui, un très bel homme à l'allure princière et majestueuse âgé entre la fin de la vingtaine et la mi-trentaine m'est apparu. « *Que votre serviteur soit votre maître* », m'a-t-il alors dit avec un accent chaleureux. Que signifiait ce *koan* ? AEngus l'avait employé dans le contexte de l'amour romantique, comme s'il s'était agi d'une clé servant à établir et à maintenir une solide relation. Il semblait également suggérer qu'il me livrait un secret portant tout particulièrement sur les rapports d'ordre romantique avec les hommes mais j'ignorais toujours ce que cela signifiait. Je suis donc demeurée installée sur mon banc à méditer ses paroles. Puis, Aengus a ajouté :

> « *Ne devenez jamais l'esclave ou la prisonnière de qui que ce soit ni de quelque substance ou situation que ce soit. Soyez une servante consentante. Donnez sans entraves à partir d'un cœur libre. De cette façon, vous évitez de tomber dans le piège du ressentiment, qui s'accumule comme de la plaque à l'intérieur des cœurs tendres et annihile toute passion. Donnez librement à l'être aimé, sans attendre de récompense et sans égard aux conséquences, avec pour seule motivation le pur plaisir que procure le don... qui constitue sa propre récompense.* »

Aide apportée :

- Utilisation à des fins romantiques de la musique
- Passion et romance – les raviver et les entretenir
- Relations amoureuses – trouver l'âme sœur, nouer et entretenir une relation

<h3 style="text-align:center">INVOCATION</h3>

Portez des vêtements rouges ou roses symbolisant l'amour romantique ou tenez à la main un objet de cette couleur, faites jouer de la musique douce (contenant de préférence de la harpe) et invoquez AEngus comme suit :

« Majestueux AEngus, je fais appel à ton aide en ce qui concerne ma vie amoureuse [décrivez en détail ce que vous souhaitez]. Je souhaite ton intervention pour que tu emplisses mon cœur et ma vie d'harmonie, de passion et de romance. J'ai tant d'amour à donner et j'ai besoin de ton aide pour y arriver. Si j'empêche le grand amour de survenir dans ma vie de quelque façon que ce soit, je te prie de m'aider dès maintenant à faire disparaître ce blocage. Je te remercie, AEngus. »

AEracura

(Irlande)

AEracura est une déesse mère celtique ainsi qu'une déesse de la fertilité qui porte toujours avec elle un panier de fruits ou une corne d'abondance.

Quand, assise au bord de la mer d'Irlande, j'ai invoqué sa présence, j'ai immédiatement senti mon cœur s'emplir d'un amour fortement teinté de joie et d'insouciance ! J'ai aperçu une superbe fée au teint de porcelaine et aux cheveux brun pâle flottant autour de son visage, vêtue d'une longue robe moulante d'un blanc crémeux de laquelle émanait un éclat lumineux. Dans ses yeux débordants d'amour perçait une touche de malice inoffensive, signe d'une personne aimant bien s'amuser. Elle m'a fait savoir qu'un esprit enjoué et insouciant était essentiel aux manifestations d'abondance. Elle a insisté sur ce point, et j'ai compris ce qu'elle voulait dire dans mon corps et dans le chakra de mon cœur : La clé d'une réalisation rapide et efficace de nos souhaits d'abondance se trouve dans le plaisir que nous procure le processus qui y mène. AEracura s'est exprimée en ces termes :

« J'apporte toujours un panier de cadeaux aux personnes qui sont réceptives, attentives et prêtes à recevoir. Les généreux présents que je vous offre, imaginez que je les destine à des enfants qui les

partageront entre eux. C'est tellement plus amusant de jouer quand on partage avec ses amis ! Faites appel à moi quand vous avez un urgent besoin d'argent et j'accourrai à votre rescousse. J'aime tout particulièrement apporter mon soutien aux artistes et aux non-conformistes. N'ayez pas honte d'exprimer vos désirs quand vous vous adressez à moi. Remarquez que mon nom contient un dérivé du mot cure. *Amusons-nous ! Je vous aime !* »

Aide apportée :

- Conseils et soutien aux artistes et aux inventeurs
- Besoins pressants d'argent
- Manifestations

INVOCATION

Pour invoquer AEracura, vous devez vous trouver à l'extérieur. Retirez vos chaussures et vos chaussettes, car vous entrerez mieux en contact avec la Terre mère si vous êtes pieds nus. Adressez-vous à elle en ces termes :

« Très chère AEracura, je te prie de venir à moi immédiatement. Je te demande d'emplir mon cœur de ton formidable amour divin et de libérer mon cœur et mon esprit de tout souci ou de toute inquiétude. Je te prie d'apporter ton panier rempli de cadeaux et de m'aider à recevoir ces présents avec amour et gratitude. Aide-moi à donner libre cours à ma créativité et à laisser émerger l'artiste qui sommeille en moi, pour que je puisse exprimer mon amour d'une façon qui bénéficie au monde entier. S'il te plaît, aide-moi à accepter de l'aide pour mes projets artistiques et créatifs. »

Aine

(Irlande)

Également appelée Aine de Knockaine, parce qu'on raconte
que son esprit vit dans un château situé à Knockainy,
en Irlande.

Aine est une déesse irlandaise de la lune, de l'amour, de la
fertilité, de la protection et des préoccupations
environnementales. Son nom signifie « brillante ». Elle a des
liens avec les fées et on la considère souvent comme une reine
des fées (l'équivalent d'un archange dans le royaume
élémentaire). Il existe de nombreuses histoires contradictoires
sur les origines d'Aine et son héritage en tant que déesse.

On lui consacrait un rituel la veille du solstice d'été, où les
gens promenaient des torches à travers les champs de labours en
demandant à Aine d'augmenter la productivité de leurs terres.
Aine protège les femmes, en particulier celles qui respectent le
caractère sacré de la planète, vénèrent la Terre Mère et cherchent
à la préserver. Environnementaliste convaincue, elle s'investit
également dans la cause de la protection des animaux. Elle est
capable d'annuler les mauvais sorts et de dissiper les énergies
négatives.

Ressemblant à une peinture d'Erté ornant la couverture d'un
exemplaire du magazine *Harper's Bazaar*, Aine est une déesse
souple et agile qui porte une longue robe argent et arbore une
coupe au carré rappelant fortement la mode Art déco. Quand je

lui ai parlé, elle était suspendue immobile à côté d'un croissant de lune, entourée d'instruments de musique tels que des harpes et des pianos. En utilisant l'énergie de la lumière ainsi que des notes musicales, elle supervise et aide la Terre ainsi que des planètes de notre système solaire et des autres systèmes.

Le rôle d'Aine ne consiste pas vraiment à nous venir en aide pour régler nos problèmes personnels ; elle nous invite à nous envelopper dans sa cape de lumière argentée chaque fois que nous avons besoin de reprendre des forces et de trouver le courage de défendre nos convictions, en particulier si nous occupons une position de leadership qui aura des effets favorables sur la protection de l'environnement (notamment tout ce qui touche la qualité de l'air et de l'eau, les plantes et les animaux). Aine peut vous aider à devenir plus enjoué et plus passionné dans vos relations amoureuses, de même que dans le reste de votre vie. Elle se compare à un archange qui évoluerait dans le royaume des fées et des *devas* – dont elle est la déesse. Elle est particulièrement facile d'accès lorsqu'il y a pleine lune ou éclipse lunaire. Aine dit :

« *Tel un faisceau satellite, je répands à partir de la Lune une énergie divine d'amour pur dans le but de faire échec à toutes les intentions, actions, paroles ou pensées empoisonnées.* »

Aide apportée :

- Droits et guérison des animaux
- Préoccupations environnementales
- Intensification de la foi et de la passion
- Fertilité et conception
- Guérison des animaux, des personnes et des relations
- Méditations et cérémonies à la pleine lune
- Enjouement et jouissance de la vie
- Protection, en particulier des femmes

INVOCATION

Un soir de pleine lune, allez à l'extérieur et placez-vous à proximité d'une étendue de plantes ou d'une pièce d'eau, puis prononcez les paroles suivantes, tout haut ou mentalement :

« Aine bien-aimée, je fais appel à toi maintenant. Je te demande de m'aider à devenir plus fort et plus puissant ainsi qu'à intensifier ma foi. Allume les passions de mon âme et aide-moi à me détendre suffisamment pour que j'arrive à m'amuser et à avoir du plaisir en même temps que je remplis ma mission et fais face à mes responsabilités. Je te prie de m'aider à trouver la meilleure façon de préserver l'environnement et à m'entourer de gens bienveillants. »

Aphrodite
(Grèce)

Également appelée Cytherea, Cypris, Aphrodite Pandemos,
Aphrodite Urania, Vénus.

Associée à la planète Vénus, Aphrodite est la déesse de
l'amour, de la beauté et de la passion.

Son nom signifie « née de l'eau » ou « née de l'écume »,
parce qu'elle aurait été conçue lorsque son père, le dieu céleste
Uranus, a ensemencé l'océan. Ses multiples idylles amoureuses
avec des dieux comme Adonis et Ares sont légendaires et c'est
aussi la raison pour laquelle Aphrodite est étroitement associée
à la passion sexuelle.

Elle est également connue sous le nom d'Aphrodite Urania,
représentant le sentiment amoureux accompagné d'engagement
et de spiritualité, et sous le nom d'Aphrodite Pandemos,
représentant le désir purement physique. Elle compte parmi ses
nombreux enfants Éros, un dieu de l'amour romantique qui,
comme Cupidon, envoie des flèches aux personnes dont le nom
figure sur sa liste d'entremetteur.

C'est à Kona, à Hawaii, un soir où la planète Vénus brillait
bien haut dans le ciel, que j'ai parlé avec Aphrodite. Quand elle
est venue à moi, j'ai senti sa présence avant de la voir, Puis j'ai
aperçu un visage de femme encadré par un cœur évoquant la
Saint-Valentin.

« Mon rôle est d'aider à consolider les relations à long
terme qui s'appuient sur une double fondation de

passion et de compréhension, a-t-elle dit. « *L'une ne vaut rien sans l'autre. La première contribue à entrelacer les vies et les corps, et la deuxième se rapporte aux échanges de propos et aux discussions. Mais ces deux sphères sont fortement entremêlées. Un amant qui comprend vos besoins et vos désirs est un formidable partenaire ; et si en plus il éprouve dans son cœur de la passion à votre égard, il aura la motivation nécessaire pour travailler à la guérison des blessures occasionnelles et demeurera captivé suffisamment longtemps pour que vous en arriviez à une entente. De par sa nature, une relation, pour croître sans cesse et demeurer vivante, nécessite toujours plus de passion et plus de connaissance de l'autre dans le contexte de l'engagement amoureux.* »

Aide apportée :

- Engagements, promesses et mariage
- Féminité, grâce, beauté, attirance, charme et attrait
- Sexualité, notamment l'approfondissement du désir et de la passion romantique

INVOCATION

Mettez-vous en état de réceptivité, par exemple en écoutant de la musique romantique, en regardant un film d'amour, en enfilant des vêtements séduisants ou en tenant une rose à la main. Puis, en vous concentrant sur votre cœur, prononcez tout haut ou mentalement les paroles suivantes :

« Aphrodite, je suis prêt à être aimé profondément et entièrement dans le cadre d'une relation amoureuse. Je te prie de m'aider à enlever tous les obstacles qui pourraient encore retarder l'avènement de cet amour. Je te demande de m'aider à faire rayonner ma lumière intérieure et à attirer vers moi le grand amour. Aide-moi à jouir pleinement de cet amour et à demeurer convaincu de le mériter. »

Apollon

(Grèce)

Apollon est un dieu solaire qui régit les prophéties, la lumière, la musique et la guérison.

Apollon fait partie des 12 dieux et déesses qui peuplaient l'Olympe à l'origine. Il est le fils de Zeus et le frère jumeau de la déesse Artémis. Apollon a eu de nombreuses amantes ainsi que des douzaines d'enfants. Il existe une multitude de légendes sur sa famille et sa vie. L'un de ses enfants les plus célèbres est Esculape, le légendaire dieu de la guérison et de la médecine dont moult hôpitaux portent aujourd'hui le nom.

Apollon a toujours offert volontiers son aide aux humains dans le besoin et il continue aujourd'hui d'intervenir là où ses services sont requis. Il a passé beaucoup de temps dans l'ancienne Delphes à aider les oracles et les prophètes à effectuer leurs divinations. Aujourd'hui, il aide les voyants et les médiums spirites à s'élever jusqu'aux plus hautes fréquences spirituelles. Dans les cercles du nouvel âge, Apollon est connu comme un *élohim* (qui, en hébreu, signifie « divinité ») qui consacre sa sagesse divine et sa compréhension spirituelle à la Terre et à ses habitants.

Apollon guérit les blessures physiques et émotionnelles et éveille les dons de voyance ; il aide les gens à remplacer la rancune par la compassion et la compréhension. C'est un être d'une grande beauté, dont le corps svelte et musclé respire la force et la jeunesse. Apollon nous encourage à prendre grand soin de notre corps et à faire de la forme physique un aspect central de notre mode de vie. Il dit :

« *Je suis le dieu solaire – faites appel à moi pour obtenir tous les types d'illumination : lumière divine ou irradiante, assistance mécanique, guérison ou tout simplement si vous avez besoin d'ensoleillement. J'existe maintenant dans toutes les dimensions et je peux donc répondre à tous les types de préoccupations. J'emplis votre planète de lumière, même les jours les plus mornes.* »

Aide apportée :

- Exercice et alimentation saine – augmentation de la motivation
- Résolution heureuse de situations stressantes
- Résolution de problèmes d'ordre mécanique
- Éveil et perfectionnement des capacités en matière de voyance, de télépathie et de prophéties
- Température – chasser les nuages au profit du soleil, tant littéralement que métaphoriquement

INVOCATION

Portez des vêtements de couleur or ou jaune ou tenez à la main un objet de l'une ou l'autre de ces couleurs (pour évoquer la lumière du Soleil, à laquelle on associe Apollon) et faites jouer de la musique gaie. Vous pouvez faire appel à Apollon à tout moment, chaque fois que vous avez besoin d'aide ; toutefois, la communication sera probablement à son meilleur à midi, lorsque le Soleil est au zénith. Adressez à Apollon les paroles suivantes :

« Apollon, lumière éclatante entre toutes, je te prie de venir à moi. Éclaire-moi de ta lumière pour que je la voie clairement. Aide-moi à mieux comprendre ma situation pour que je puisse, de même que les autres personnes concernées, trouver le chemin de la guérison. Aide-moi à éprouver de la compassion pour moi-même et pour les autres et à faire disparaître immédiatement toute colère et toute rancœur. Aide-moi à me débarrasser de toute lourdeur dans mon corps, mon esprit et mon cœur, pour que je puisse m'élever aussi haut que toi. »

L'archange Ariel
(Cabale)

Également appelée Arael, Ariael

Ariel signifie « lion ou lionne de Dieu ». Cet archange, comme on pourrait s'y attendre, est souvent associé aux lions. Ainsi, lorsque Ariel est à proximité, il se peut que vous commenciez de voir autour de vous toutes sortes de choses qui font référence à cet animal. Dans certaines œuvres d'art, Ariel est représenté avec une tête de lion. Comme cet archange est également associé au vent, lorsqu'il près de vous il se peut que vous sentiez ou entendiez le souffle du vent.

L'archange Ariel est décrit dans les ouvrages de mysticisme judaïque et de magie cabalistique comme *Le Testament de Salomon*, *La Grande Clavicule de Salomon*, *Ezra* et *La Hiérarchie des anges bénis*. Ariel travaille étroitement avec le roi Salomon dans des domaines comme les manifestations, la délivrance de l'âme (similaire à l'exorcisme) et la magie divine.

Ariel veille également sur les lutins, anges de la nature associés à l'eau. Les lutins sont semblables aux fées et leur rôle consiste à maintenir un environnement sain près des océans, des lacs, des rivières, des ruisseaux et des étangs. L'archange Ariel peut entrer en contact avec vous pour que vous apportiez votre aide dans l'accomplissement de cette mission de purification et de protection de ces pièces d'eau et de leurs habitants. Si vous vous investissez dans la mission environnementale d'Ariel, vous serez susceptible d'être récompensé par de merveilleuses manifestations et un pouvoir magique accru.

Ariel est très investi dans la guérison et la protection de la nature – ce qui comprend les animaux, les poissons et les oiseaux, en particulier ceux qui sont à l'état sauvage. Si vous trouvez un oiseau blessé ou un autre animal non domestique qui a besoin de soins, demandez l'aide d'Ariel. Ariel travaille avec l'archange Raphaël pour guérir les animaux en détresse. L'archange Ariel dit :

« Je suis très inquiet en ce qui a trait aux systèmes environnementaux de la planète, dont l'équilibre est toujours précaire et qui ont besoin d'être remis en état et restaurés. J'ai de nombreuses tâches à assigner aux personnes qui sont prêtes à s'engager dans ce projet. Je promets de ne vous confier que des tâches qui correspondent à vos intérêts et qui sont compatibles avec votre emploi du temps. Votre récompense sera la joie qui émanera de votre cœur et qui se répandra dans l'environnement, qui bénéficiera de vos efforts dévoués. Je vous remercie infiniment de venir à la rescousse de la planète ! »

Aide apportée :

- Magie divine
- Défense de l'environnement, en particulier en ce qui a trait aux cours d'eau
- Manifestations
- Guérison et protection des animaux sauvages, des poissons et des oiseaux

INVOCATION

Vous pouvez invoquer la présence de l'archange Ariel à tout moment et n'importe où. Toutefois, vous serez plus susceptible de sentir sa présence, de le voir et de l'entendre si vous pratiquez cette invocation à l'extérieur, en pleine nature (de préférence à proximité d'un cours d'eau) :

« Archange Ariel, je fais appel à ta présence maintenant. Je désire aider à guérir l'environnement et je te demande de me confier une tâche divine qui contribuera à la réalisation de cette importante mission. Je te prie de m'ouvrir la voie et de me soutenir dans cette entreprise. Merci pour la joie que procure cette mission, à moi et au monde entier. »

L'archange Azraël

(Hébreux, musulmans)

Également appelé Azrail, Ashriel, Azriel, Azaril,
l'Ange de la mort

Azraël signifie « celui à qui Dieu vient en aide ». Son rôle consiste avant tout à aider les gens à se rendre au ciel au moment de leur mort physique. Azraël réconforte les gens avant leur trépas, veille à ce qu'ils ne souffrent pas lors de ce passage et les aide à s'acclimater à l'au-delà. Il enveloppe également les membres des familles endeuillées d'une énergie de guérison d'une lumière divine qui les aident à s'adapter et à reprendre le dessus. Azraël apporte son soutien aux amis et aux membres de la famille du défunt en rendant leur épreuve moins pénible à vivre sur les plans matériel, spirituel et émotionnel. Si vous venez de perdre un être cher, tournez-vous vers Azraël pour obtenir soutien et réconfort.

Azraël travaille également avec les professionnels dont le métier est d'assister les personnes en deuil ; il les empêche d'absorber toute la douleur de leurs clients et guide leurs paroles et leurs actions pour que leur intervention ait une efficacité maximale. Faites appel à Azraël pour qu'il apporte du réconfort à un être cher à la veille du trépas et pour qu'il aide cette personne à traverser dans l'au-delà. Azraël apportera son aide à tous et à toutes sans exception. Vous pouvez aussi demander à Azraël d'aider l'être cher disparu en le rencontrant dans le ciel.

L'archange Azraël est très calme et posé. Il respecte au plus haut point le processus de deuil et n'impose pas sa présence aux personnes qui le vivent. Discret, il n'en demeure pas moins prêt à offrir force et réconfort. Il dit :

« Si, aux prises avec l'anxiété du deuil, vous vous tournez et vous retournez sans arrêt jusqu'au matin sans pouvoir trouver le sommeil, je peux apaiser votre esprit agité et vous aider à dormir. Un esprit et un corps bien reposés sont plus solides et mieux en mesure de passer à travers l'épreuve du deuil. Par conséquent, n'hésitez pas à faire appel à moi durant les périodes où vous êtes dans le besoin, que ce soit pour des prières, de l'aide ou des intercessions. J'invoquerai d'autres anges qui se tiendront à vos côtés et aux côtés de vos proches, et nous ferons tout en le pouvoir de Dieu pour vous soutenir de notre amour dynamique. »

Aide apportée :

- Réconfort aux mourants et aux personnes endeuillées
- Passage dans l'au-delà de l'âme des personnes récemment décédées
- Counseling en matière de deuil
- Soutien aux personnes endeuillées – matériel, spirituel et émotionnel

INVOCATION

Aucune parure ni aucun comportement particuliers ne sont nécessaires pour invoquer l'archange Azraël ; il vous suffit d'éprouver un désir sincère d'obtenir de l'aide dans une situation de deuil ou de décès. Vous n'avez qu'à vous concentrer et Azraël sera là. Voici un exemple d'invocation :

« Archange Azraël, je te demande de me réconforter maintenant. Je te prie de m'aider à guérir. Élève mon cœur, enlève-lui sa lourdeur et aide-moi à prendre conscience des bienfaits que cette situation renferme. Aide-moi à laisser couler mes larmes et à garder contact avec la personne aimée qui se trouve dans le ciel. Je te demande d'emplir ce lien d'énergie pour que je puisse clairement communiquer avec [elle ou lui]. Je sais que l'être cher est près de moi et que tu veilles sur nous deux. [S'il existe des circonstances particulières liées à la peine que vous ressentez et pour laquelle vous demandez de l'aide, faites-en part à Azraël maintenant.] Merci, Azraël. »

L'archange Chamuel

(Judéo-christianisme)

Également appelé Camael, Camiel, Camiul, Camniel, Cancel, Jahoel, Kemuel, Khamael, Seraphiel, Shemuel.

Le nom de Chamuel signifie « celui qui voit Dieu », ou « celui qui recherche Dieu ». Chamuel figure habituellement sur la liste des sept principaux archanges et on le considère comme un puissant leader au sein de la hiérarchie angélique des pouvoirs. Les Pouvoirs sont des anges qui assurent la protection du monde contre les énergies inférieures et la peur. Ils s'apparentent à des videurs qui expulsent toute personne dont les actions visent à faire du tort à la planète. Si les événements qui marquent notre monde vous inspirent de la peur, faites appel à Chamuel pour obtenir réconfort, protection et intervention.

Chamuel protège également notre univers personnel. Il nous aide à y voir clair dans des domaines importants de notre vie comme les relations amoureuses et amicales et la carrière, en plus de nous aider à donner un sens à notre existence et à retrouver des objets perdus. Il nous porte assistance afin de nous aider à bâtir de solides fondations dans nos relations et notre carrière et pour que les choses soient durables, pleines de sens et saines dans ces domaines.

L'archange Chamuel est très généreux, aimant et doux. Vous saurez qu'il est près de vous lorsque vous aurez des papillons dans l'estomac et que vous sentirez un agréable frisson vous parcourir le corps. Voici ce qu'il dit :

« *Permettez-moi de vous escorter à travers les épreuves de la vie et de rendre votre voyage harmonieux et fructueux. C'est pour moi le plus grand des plaisirs de vous apporter la paix et de dissiper toute énergie vous causant de la douleur.* »

Aide apportée :

- Carrière, but de l'existence, aide pour retrouver les objets perdus
- Établissement et consolidation des relations
- Découverte de l'âme sœur
- Paix mondiale

INVOCATION

Faites appel à Chamuel pour retrouver tout objet perdu. Comme il est capable d'entendre vos pensées, vous pouvez l'invoquer mentalement, même dans les moments où vous êtes envahi par la panique :

« Archange Chamuel, je constate que j'ai perdu [nommez l'objet ou la situation]. Je sais que rien n'est vraiment perdu, car Dieu est partout et voit tout. Je te demande de me guider pour retrouver ce que je cherche. Merci, Chamuel. »

L'archange Gabriel
(Judéo-christianisme, Islam)

Également appelée Abruel, Jibril, Jiburili, Serafili.

Gabriel signifie « Dieu est ma force ». Gabriel (qui est de sexe féminin) est le célèbre ange qui aurait annoncé à Élizabeth et à Marie la naissance imminente de leurs fils, respectivement Jean le baptiste et Jésus de Nazareth. L'archange Gabriel a également dicté à Mohammed les textes spirituels de l'Islam, qui allaient plus tard constituer le Coran. Par conséquent, Gabriel en est venu à être reconnu comme l'ange « messager ». Il continue de jouer un rôle dans le monde en venant en aide aux parents et aux messagers humains.

Le premier rôle de Gabriel consiste à aider les parents qui souhaitent avoir un enfant à concevoir ou à adopter. Gabriel procure force et courage à ces parents et aide les futures mères à garder la foi afin d'installer l'atmosphère la plus bienfaisante possible pour la venue de leur enfant.

Son second rôle consiste à aider toutes les personnes qui œuvrent dans le domaine des arts ou des communications. Tournez-vous vers Gabriel pour obtenir de l'aide, des conseils et une intercession si vous êtes acteur, artiste, auteur, danseur, journaliste, mannequin, musicien, reporter, chanteur, chansonnier, professeur ou si votre activité, quelle qu'elle soit, consiste à livrer des messages spirituels. Gabriel ouvrira des portes qui vous aideront grandement à exprimer votre talent. L'archange agit également à titre de *coach* ; elle inspire et motive les artistes et les communicateurs en plus de les aider à surmonter leurs peurs et leur tendance à la procrastination.

Gabriel est considérée depuis longtemps comme un archange fort et puissant et les personnes qui font appel à elle auront soudain envie d'entreprendre des démarches qui donnent des résultats. Gabriel est assurément un archange tourné vers l'action ! Voici ce qu'elle nous dit :

> « *Je suis ici pour m'occuper de ceux et de celles qui parlent haut et fort et qui se font les porte-parole des besoins de la société. Ce rôle de défense des intérêts d'un groupe remonte à une époque reculée, et peu de choses ont changé au fil du temps, à part bien sûr les moyens technologiques employés. Dans d'autres domaines, l'art et la parole sont demeurés une force constante, conférant un pouvoir aux personnes qui aspirent au changement et à l'entraide. Permettez-moi d'ouvrir toutes sortes de possibilités à ceux et à celles d'entre vous qui sentez l'appel de la vocation et qui avez envie de vous produire en spectacle, de jouer dans des pièces et de créer sur une large échelle.* »

Aide apportée :

- Adoption d'un enfant
- Artistes ou projets liés à l'art
- Conception et fertilité
- Journalisme et écriture
- Télévision et radio

INVOCATION

Avant d'entreprendre tout projet artistique ou lié aux communications, demandez à Gabriel de vous guider et de superviser vos activités en prononçant les paroles suivantes, tout haut ou mentalement :

« Archange Gabriel, je désire ta présence à ce moment-ci car je m'apprête à [décrivez votre projet]. Je te demande d'ouvrir pour moi la voie de la créativité pour que je m'en trouve réellement inspiré. Aide-moi à m'ouvrir l'esprit et à donner naissance à des idées uniques et, s'il te plaît, aide-moi à maintenir l'énergie et la motivation dont j'ai besoin pour aller jusqu'au bout de cette inspiration. Merci, Gabriel. »

L'archange Haniel

(Babylone, Cabale)

Également appelée Anael, Aniel, Hamiel, Onoel.

Haniel signifie « gloire de Dieu » ou « grâce de Dieu ». Dans l'ancienne Babylone, un groupe d'hommes portant le titre de prêtres-astronomes se servaient de l'astrologie, de l'astronomie et de l'énergie lunaire pour invoquer diverses déités dans le cadre de leurs divinations et de leur travail de guérison. L'un des archanges à qui ils faisaient appel est Haniel, qui était associé à la planète Vénus.

Dans certains textes cabalistiques, on dit que c'est Haniel qui a escorté Énoch vers le monde des esprits. Énoch est l'un des deux seuls êtres humains à s'être transformés en archanges – l'archange Métatron. (L'autre était le prophète Élie, qui, après son ascension, est devenu l'archange Sandalphon, comme je l'expliquerai plus tard.)

Haniel nous aide à retrouver les secrets perdus portant sur les remèdes naturels, en particulier pour les guérisons nécessitant l'utilisation de l'énergie lunaire afin de confectionner des potions, des poudres et des cristaux. Haniel nous aide aussi à introduire plus de grâce dans notre vie. Pour ajouter de la beauté, de l'harmonie et la compagnie de merveilleux amis dans votre vie, faites appel à Haniel. Cet archange vous aidera également à demeurer calme et centré avant et pendant un événement important comme la présentation d'un exposé en public, un spectacle, un premier rendez-vous amoureux ou une entrevue pour obtenir un emploi.

L'archange Haniel possède l'énergie d'une déesse de la Lune : elle est éthérée, calme, patiente et mystique. Sa sagesse lui vient de son expérience millénaire auprès des humains. Elle dit :

> « *Oui, je suis patiente avec l'humanité parce que je peux voir toutes les bonnes choses que l'être humain a créées. Pour chaque moment d'intolérance, il existe des centaines de profondes bontés qui chassent les ténèbres. La lumière de l'humanité est plus éclatante aujourd'hui que jamais. Si vous pouviez voir l'humanité de mon point de vue, vous comprendriez pourquoi j'éprouve tant de considération et d'amour pour vous tous. C'est avec plaisir que j'apporte mon aide à toutes les causes qui font progresser l'humanité au-delà des batailles d'ego, et qui vous élèvent au niveau où vous étiez à l'origine : celui de la grâce de Dieu et de la beauté éternelle.* »

Aide apportée :

- Introduction de la grâce dans nos vies
- Capacités de guérison
- Énergie lunaire
- Assurance
- Capacités extrasensorielles, en particulier la voyance

INVOCATION

Si vous devez assister dans un avenir rapproché à une cérémonie publique où vous devez être à votre meilleur et faire preuve d'élégance et de raffinement, demandez à Haniel de vous accompagner. Vous pouvez la faire venir en pensant à son nom et en décrivant mentalement vos besoins, ou en prononçant une invocation comme celle-ci :

« Archange Haniel, gardienne de la grâce, de l'assurance et du charme, je te demande d'employer ton énergie divine et ta bienveillante sagesse pour m'aider à [décrivez votre situation]. Je te remercie de guider mes paroles, mes actes et mes maniérismes et de m'aider à me détendre et à me divertir, tout en inondant de ta bienveillance toutes les personnes qui me verront ou m'entendront. Je de demande de n'attirer vers moi que de l'énergie positive au moyen de ton magnétisme divin. Ô merci, glorieuse Haniel, merci. »

L'archange Jérémiel

(Judaïsme)

Également appelé Ramiel, Remiel.

Jérémiel signifie « miséricorde de Dieu ». Dans les anciens textes judaïques, Jérémiel est considéré comme l'un des sept principaux archanges.

On dit qu'il aurait aidé Baruch, prolifique auteur de textes judaïques apocryphes ayant vécu au premier siècle, en lui faisant part de certaines visions prophétiques. L'une d'entre elles portait sur la venue du Messie. Dans une autre vision, Jérémiel a fait visiter à Baruch les cieux et leurs différents niveaux.

En plus d'être un archange aux visions prophétiques, Jérémiel aide les âmes qui viennent de traverser de l'autre côté à passer leur vie en revue. Il offre également ce service aux personnes qui sont encore de ce monde. Si vous souhaitez faire l'inventaire de la vie que vous avez menée jusqu'à présent de façon à y apporter des ajustements positifs, faites appel à Jérémiel. Il vous aidera à regarder votre passé en face et à apprendre à partir de vos expériences antérieures pour que vous deveniez dans l'avenir plus fort et plus centré sur l'amour.

Jérémiel dit :

« En passant votre vie en revue à intervalles réguliers, vous constaterez qu'il vous sera beaucoup plus facile de déterminer la direction dans laquelle vous auriez avantage à aller. De plus, en faisant périodiquement

l'examen de votre vie au cours de votre existence vous rendrez cette tâche d'autant plus aisée et agréable lorsque vous arriverez dans l'au-delà. Vous aurez déjà examiné les points tournants de votre existence, et serez en mesure d'admettre que vous auriez pu faire mieux sans souffrances ni regrets. L'examen que vous ferez de votre vie une fois dans l'au-delà sera beaucoup plus complet, mais vous pouvez vous y préparer pendant que vous êtes encore dans la dimension physique. Planifiez un moment de tranquillité et demandez-moi de m'introduire dans vos pensées et vos rêves pendant la nuit. Je vous montrerai des images des principaux événements de votre vie qui stimuleront votre mémoire et vous rappelleront des moments moins marquants à première vue. C'est souvent au cours de ces interactions en apparence sans importance avec les autres que nous en venons à comprendre les choses les plus importantes. C'est de là que nous tirons nos principales leçons de vie. Vous pouvez ensuite facilement baser votre philosophie et vos décisions sur ce que vous avez compris sur vous-même, ce qui sera toujours avantageux pour toutes les personnes concernées. »

Aide apportée :

- Clairvoyance et visions prophétiques
- Passage en revue de la vie et réalisation des changements appropriés
- Rêves prémonitoires, ainsi que leur interprétation

INVOCATION

Si l'avenir vous préoccupe, faites appel à Jérémiel pour obtenir des renseignements et de l'information supplémentaires :

« Archange Jérémiel, je te demande de m'aider à mettre fin à mes peurs, à mes inquiétudes et à la nervosité que je ressens face à l'avenir… le mien et celui de la planète. [Expliquez à Jérémiel en quoi consiste la situation qui vous préoccupe particulièrement.] J'ai besoin de tes visions prophétiques de l'avenir. Sers-moi de guide en m'indiquant tout ce que je pourrais faire ou changer afin de préparer un meilleur avenir pour moi-même et pour toutes les personnes concernées. »

L'archange Jophiel

(Judéo-christianisme)

Également appelé Iofiel, Iophiel, Jofiel, Zophiel.

Jophiel signifie « beauté de Dieu ». Cet archange est reconnue comme étant la « patronne des artistes ». Elle était présente dans le jardin d'Éden et, plus tard, elle a apporté sa protection aux fils de Noé.

En sa qualité d'archange de l'art et de la beauté, Jophiel nous apporte une aide sur les plans physique et métaphysique. Premièrement, elle nous aide à entretenir des pensées merveilleusement agréables, à voir et à apprécier la beauté qui est autour de nous et par conséquent à créer, à manifester et à attirer plus de beauté dans notre vie. Après tout, les belles pensées entraînent toujours de belles choses.

Dans la dimension physique, Jophiel aide à la réalisation de projets de nature artistique et stimule notre étincelle créative. Elle nous donne des idées ainsi que l'énergie nécessaire pour nous lancer dans des entreprises artistiques. Jophiel nous incite aussi à créer de la beauté à la maison, au travail et dans nos relations. Elle nous aide à ralentir le rythme et à jouir de la vie.

L'archange Jophiel possède une énergie inspirante très agréable qu'il fait plaisir de fréquenter. Amicale et optimiste, elle est la meilleure amie dont vous avez toujours rêvé. Elle dit :

> « *Il ne sert à rien de s'en faire, alors pourquoi toujours sombrer dans ces états d'inquiétude dans les périodes de*

besoin ? Les tracas ne pourront ni vous réconforter, ni vous guérir, bien au contraire. Il vaut tellement mieux consacrer vos efforts à une activité créative qui vous permettra de méditer tranquillement et d'adopter une attitude positive. Créez, créez, créez ! Ce faisant, vous devenez le reflet de la créativité divine. C'est la raison pour laquelle vous vous sentez plus près de Dieu quand vous êtes pleinement engagé dans une activité d'écriture, de prise de parole ou d'autres projets artistiques. »

Aide apportée :

- Projets artistiques et artistes
- Pensées merveilleuses
- Décoration intérieure
- Ralentissement du rythme

INVOCATION

Si vous êtes aux prises avec une situation difficile, il est fort probable que vos pensées négatives y soient pour quelque chose. Faites appel à Jophiel pour rétablir la situation :

« Archange Jophiel, je te demande de m'aider à [décrivez la situation]. Merci de m'aider à voir la beauté divine qui existe en moi et en toutes les personnes concernées. Merci d'intervenir afin de résoudre la situation de façon merveilleuse. Avec toute ma gratitude et au nom de tout ce qui est beau, merci, Jophiel. »

L'archange Métatron
(Judaïsme, Cabale)

Également appelé Métatetron, Merraton, Métaraon, Mittron.

Métatron a un sens plutôt flou car il ne se termine pas par le même suffixe en « el » que tous les autres noms d'archanges (sauf Sandalphon, son frère jumeau). « El » signifie « El Elyah », nom hébreu du très aimant Dieu d'Abraham – par opposition au Dieu vengeur et jaloux de Moïse, qui est appelé Jéhovah. Les noms des archanges décrivent leur fonction et se terminent en « el », qui signifie « de Dieu ». Le mot *ange* signifie « messager de Dieu ».

Le nom inhabituel de Métatron découle probablement de ses origines singulières, car il est l'un des deux seuls archanges ayant été à l'origine des êtres humains habitant la Terre (l'autre est Sandalphon, qui était le prophète Élie). Comme en témoignent les divers écrits à son sujet et les discussions entre érudits, cet archange fait l'objet de diverses spéculations. Ainsi, selon certains, Métatron signifierait « celui qui occupe le trône à côté du trône divin », alors que d'autres croient que ce nom dériverait de *Yahvé*, terme juif exprimant le saint nom de Dieu. Certains l'appellent également « l'ange de la présence ».

Métatron est le plus jeune des archanges, car il a été créé en dernier de tous. Le prophète et scribe Énoch, dont on dit qu'il « marcha avec Dieu » (dans le livre de la Genèse), avait conservé pendant toute sa vie mortelle la pureté conférée par Dieu à l'origine. Énoch était également un érudit en matière de secrets célestes, ayant reçu le *Livre de l'ange Raziel* (également appelé *Sefer Raziel*). Cet ouvrage écrit par l'archange Raziel contenait toutes les connaissances célestes et terrestres et avait été remis à Adam, puis à Noé, Énoch et Salomon. Dieu a escorté Énoch directement au septième ciel, le plan le plus élevé, pour qu'il puisse y résider et y travailler. Énoch a ensuite reçu des ailes et s'est transformé en un merveilleux archange nommé Métatron.

Comme Énoch avait été pendant son séjour sur Terre un scribe honnête et adroit, on lui a confié un travail similaire au ciel : consigner tout ce qui se déroule sur Terre et conserver tous ces renseignements dans les archives akashiques (également connues sous le nom de *Livre de la vie*). C'est Énoch qui est chargé de recueillir et de classer tous ces renseignements.

Métatron est un ange flamboyant et plein d'énergie qui travaille sans relâche à aider les habitants de la Terre. Il agit comme intermédiaire entre le ciel et la Terre, car il possède une vaste expérience à la fois en tant qu'humain et en tant qu'ange. Il est donc en mesure de nous aider à comprendre la perspective du ciel et à apprendre comment collaborer avec le royaume des anges.

Métatron garde également une place toute spéciale dans son cœur pour les enfants, en particulier ceux qui ont des talents d'ordre spirituel. Après l'Exode, Métatron a mené les enfants d'Israël en lieu sûr en traversant avec eux des régions sauvages. Il continue aujourd'hui de guider les enfants, tant sur la Terre qu'au ciel. Métatron est très préoccupé par les enfants qui ont reçu un diagnostic de trouble déficitaire de l'attention (TDA) ou de trouble d'hyperactivité avec déficit de l'attention (THDA) et il aide les parents, les éducateurs, les scientifiques et les professionnels de la santé à trouver des solutions de rechange naturelles au Ritalin ainsi qu'aux autres médicaments psychotropes.

Métatron aide les enfants qui viennent de passer dans l'au-delà à s'acclimater au ciel, et les enfants vivants à s'aimer et à mieux se concentrer. Il aide aussi les enfants à approfondir leur conscience spirituelle ainsi qu'à accepter et améliorer leurs aptitudes spirituelles.

Métatron possède une énergie puissante et concentrée, comme un faisceau laser. Véritable motivateur, il vous encouragera à cesser de remettre les choses au lendemain et à aller résolument de l'avant. Philosophe, il peut vous aider à comprendre certaines choses comme les motivations des gens et les raisons pour lesquelles différentes situations surviennent. Il dit :

« Mon existence humaine m'a donné la capacité de comprendre les concepts humains de vie et de mort, qui peuvent paraître abstraits aux êtres qui ont toujours résidé dans les espaces célestes. Je comprends la peur panique de la mort qui sous-tend de nombreuses émotions humaines, mais comme j'ai moi-même passé de l'autre côté j'aimerais réaffirmer une idée que vous avez entendue à maintes reprises : il n'y a absolument aucune raison d'avoir peur de venir en ces lieux célestes. Le moment où vous y arriverez est déterminé en fonction du calendrier de votre âme et la mort ne peut survenir avant ce moment. Il n'existe pas de décès prématuré ou inattendu et les éléments déplaisants habituellement associés à la mort proviennent largement de l'imagination humaine. Même ceux qui meurent violemment sont épargnés de toute souffrance atroce grâce à l'intervention divine. Leur âme est expulsée de leur corps au moment de l'inévitable, longtemps avant que survienne la souffrance. Ils arrivent à se dissocier de l'événement parce qu'ils sont déjà tournés vers ce qui vient après l'existence physique. La fascination qu'ils éprouvent à découvrir leur nouvelle existence, après leur mort, détourne complètement leur attention de la souffrance que les humains semblent éprouver au moment de la mort. Tout ça, nous vous l'assurons, est

attribuable à la compassion du grand Créateur, qui est
avec nous tous, à tous les instants. »

Aide apportée :

- Trouble déficitaire de l'attention (TDA) ou trouble d'hyperactivité avec déficit de l'attention (THDA)
- Problèmes propres aux enfants
- Tenue d'archives et organisation
- Compréhension spirituelle
- Écriture

INVOCATION

Si un enfant dont le bien-être vous tient à cœur a reçu un diagnostic de TDA ou de THDA et que des médicaments lui ont été recommandés ou prescrits, faites appel à l'archange Métatron pour savoir si d'autres traitements pourraient être employés :

« Archange Métatron, je fais appel à ta puissante et bienveillante intervention pour que tu viennes en aide à [donnez le nom de l'enfant], dont on a dit qu'il souffrait d'un certain trouble. Je te demande de nous aider à comprendre la volonté de Dieu en ce qui concerne cet enfant et de guider tous les adultes concernés pour qu'ils agissent dans son meilleur intérêt. Aide-nous à demeurer solides face aux figures d'autorité et à agir d'une façon que nous savons être la bonne. Aide tous les adultes qui sont appelés à prendre des décisions au nom de cet enfant à discuter harmonieusement ensemble, même si leurs opinions diffèrent. Métatron, je t'en prie, mets cet enfant à l'abri de la douleur, aujourd'hui et dans l'avenir. Merci. »

L'archange Michael

(Judéo-christianisme, islamisme)

Également appelé Beshter, Mika'il, Sabbathiel, Saint Michael.

L e nom de Michael signifie « celui qui est comme Dieu » ou « celui qui ressemble à Dieu ». L'archange Michael est un leader parmi les anges. Il régit la hiérarchie angélique des « Vertus » et il aide les artisans de lumière à découvrir le sens de leur vie. Sa fonction première est de débarrasser la Terre et ses habitants des toxines associées à la peur. Les humains que l'archange Michael recrute et avec qui il travaille sont appelés « artisans de lumière » et il leur demande d'accomplir un travail d'enseignement spirituel et de guérison dans un cadre professionnel ou de façon informelle.

Michael a inspiré les leaders et les artisans de lumière depuis son séjour dans le jardin d'Éden, où il a enseigné à Adam à cultiver la terre et à prendre soin de sa famille. Jeanne D'Arc aurait dit aux inquisiteurs que c'était l'archange Michael qui lui avait donné l'envie et le courage de prendre la tête de l'armée française au cours de la guerre de Cent Ans. En 1950, il a été canonisé sous le nom de saint Michael ; il est le patron des policiers parce qu'il apporte son aide à la réalisation d'actes héroïques et de bravoure.

Extrêmement grand et beau, l'archange Michael porte habituellement une épée, qu'il utilise pour nous libérer du piège de la peur. Quand il est à proximité, il se peut que vous aperceviez des étincelles de lumière bleu clair ou violettes.

Michael possède une énergie très intense et sa présence suffit à vous donner des sueurs. Plusieurs de mes étudiants m'ont raconté qu'après avoir invoqué la présence de Michael, elles s'étaient mises à ressentir des bouffées de chaleur, qu'elles avaient tout d'abord attribuées à la ménopause, jusqu'à ce qu'elles se rendent compte que cette atmosphère torride était causée par la simple présence de Michael !

Michael est également extrêmement adroit dans la réparation de systèmes électriques et mécaniques, notamment les ordinateurs. J'ai fait appel à lui à un certain nombre de reprises quand j'ai eu des difficultés avec un téléphone, un télécopieur ou des appareils électroniques et il a toujours su régler le problème. L'une de mes étudiantes a même fait appel à lui quand elle a réparé le système de plomberie d'une amie (elle ne connaissait absolument rien à ce domaine, mais elle s'était offerte parce qu'elle était certaine de pouvoir se débrouiller). Dès que cette femme a invoqué Michael, c'est comme si le système de plomberie était rentré dans l'ordre de lui-même, et la réparation s'est déroulée en un rien de temps !

Michael guide et dirige les personnes qui sont désorientées, qui ne savent plus quel est le sens de leur vie ou qui se trouvent dans un cul-de-sac côté carrière. Il est capable d'inciter les personnes qui sont en panne de motivation ou qui sont paralysées par la peur à passer à l'action. Michael offre également des conseils clairs qui permettent de savoir quelle direction prendre dans la vie.

Aide apportée :

- Engagement et dévouement envers ses propres croyances
- Courage
- Direction
- Énergie et vitalité
- Tous les aspects relatifs au sens de la vie
- Motivation

- Protection
- Dégagement de l'espace
- Libération de l'esprit
- Mérite personnel et augmentation de l'estime de soi

INVOCATION

Faites appel à Michael chaque fois que vous éprouvez de la peur ou que vous vous sentez vulnérable. Il accourra immédiatement à vos côtés, vous donnera du courage et vous protégera, tant physiquement qu'émotionnellement. Vous sentirez sa présence de guerrier tout près de vous, tel un garde du corps bienveillant qui assurerait votre protection. Toutes les personnes qui auraient pu avoir l'intention de vous faire du mal changeront d'idée.

Michael n'a pas besoin d'invocation formelle et il viendra vers toutes les personnes qui feront appel à lui. Ainsi, vous pourriez avoir la pensée suivante : « *Archange Michael, je te demande de venir à moi tout de suite, j'ai besoin de ton aide !* »

Ensuite, décrivez mentalement la situation pour laquelle vous avez besoin d'aide. Vous saurez que Michael a répondu à votre appel quand vous sentirez autour de vous l'énergie incandescente qui le caractérise.

L'archange Raguel

(Judéo-christianisme)

Également appelé Akrasiel, Raguil, Rasuil, Rufael, Suryan.

Raguel signifie « ami de Dieu ». Au ciel, son rôle principal consiste à superviser tous les autres archanges et anges. Il veille à ce qu'ils travaillent ensemble de façon harmonieuse et ordonnée, conformément à l'ordre divin et à la volonté de Dieu. C'est pourquoi on l'appelle souvent « l'archange de la justice et de l'équité ». Raguel aime se faire le champion des défavorisés et il peut aider les personnes qui se sentent blessées ou maltraitées à reprendre possession de leur pouvoir et à obtenir le respect.

Enthousiaste et amical, l'archange Raguel est une véritable « batterie » en ce sens qu'il est capable de vous insuffler de l'énergie chaque fois que vous avez besoin d'un remontant. Imaginez un meilleur ami qui serait à la fois avocat, conseiller spirituel, thérapeute et motivateur et vous aurez une bonne idée des multiples talents de Raguel et de l'aide qu'il est en mesure de vous apporter. Raguel est un *gentleman* plein de compassion qui ne fera jamais obstacle à votre libre arbitre. Toutefois, si vous faites appel à son aide, il sera là en un instant. Il dit :

> *« Je vois très souvent des gens qui baissent les bras sans avoir pris conscience de leur potentiel et des possibilités qui s'offrent à eux. Je suis totalement disponible et il n'y a vraiment aucune raison de faire quoi que ce soit seul,*

sans demander l'aide de vos nombreux amis. Je travaille souvent de façon anonyme à l'intérieur de groupes et c'est pourquoi il se peut que vous ignoriez que j'ai répondu à votre appel, mais sachez que je suis là ! »

Aide apportée :

- Résolution des disputes
- Collaboration et harmonie dans les groupes et au sein des familles
- Défense des personnes injustement traitées
- Reprise en charge de soi, en particulier les personnes défavorisées
- Médiation des disputes
- Propreté

INVOCATION

Raguel possède un formidable talent pour résoudre les conflits. Si vous avez eu une dispute avec quelqu'un et que vous désirez en arriver à une résolution, demandez à Raguel d'intervenir :

« Archange Raguel, merci d'intervenir dans ma relation avec [nommez la personne concernée] et de nous mener tous deux vers un état de paix et d'harmonie. Je te suis reconnaissant de nous aider à résoudre nos différences dans l'amour et la collaboration. J'apprécie que nous soyons en mesure de nous pardonner mutuellement. Je sais que la volonté de Dieu est la paix éternelle et que nous sommes tous deux, en tant qu'enfants de Dieu, l'incarnation de cette paix. Merci de nous aider à vivre cette vérité, maintenant et à jamais. Dans la paix et la gratitude, je te remercie. »

L'archange Raphaël

(Judéo-christianisme)

Également appelé Labbiel.

Raphaël signifie « Dieu guérit » ou « Dieu a guéri » et dérive du mot hébreu *rapha*, qui veut dire « médecin » ou « guérisseur ».

Raphaël est un puissant guérisseur des corps physiques, tant chez les humains que chez les animaux. Les personnes qui font appel à lui recouvrent rapidement la santé. On dit qu'il a su apaiser la douleur qu'éprouvait Abraham après avoir été circoncis à l'âge adulte.

Il est possible d'invoquer Raphaël au nom de quelqu'un d'autre. Il ira vers la personne qu'on lui indiquera ; toutefois, il ne peut imposer à cette personne quoi que ce soit contre sa volonté. Si une personne malade refuse un traitement spirituel, il est impossible de la forcer à changer d'avis. Toutefois, la présence de Raphaël aura un effet réconfortant, ce qui favorisera la guérison naturelle en réduisant le stress et l'anxiété.

Dans le *Livre de Tobit*, Raphaël voyage avec Tobias, fils de Tobit. Tout au long du voyage, Raphaël protège Tobias du danger. Cet épisode a valu à Raphaël son autre rôle de patron des voyageurs. Raphaël procure une aide précieuse pour que les voyages se déroulent en toute sécurité ; il fait en sorte que tous les arrangements en matière de transport, d'hébergement et de bagages s'effectuent miraculeusement bien. Il aide également les personnes qui entreprennent un voyage spirituel à l'intérieur d'elles-mêmes et les assiste dans leur quête de vérité et de sens.

Raphaël a également montré à Tobias comment utiliser à des fins médicinales les parties des poissons qu'il pêchait, notamment pour la fabrication de baumes et d'onguents. Ainsi, en plus de réaliser des guérisons spirituelles directement sur les personnes malades ou blessées, Raphaël guide les guérisseurs humains en les aidant à déterminer quels traitements terrestres administrer à leurs patients. Les guérisseurs peuvent faire appel mentalement à Raphaël avant ou pendant leurs séances de traitement. Raphaël aide aussi les guérisseurs en herbe dans leur formation (notamment à trouver temps et argent pour étudier), puis les aide à établir leur pratique en attirant vers eux une merveilleuse clientèle.

Raphaël est un guérisseur et un guide des animaux sauvages et domestiques. J'ai obtenu d'excellents résultats lorsque j'ai demandé à Raphaël de retrouver des animaux perdus pour moi-même, mes amis et mes clients. Les résultats sont presque immédiats, car les animaux semblent particulièrement réceptifs à son approche tendre et aimante.

Raphaël a contribué à guérir la cécité de Tobit et il a travaillé avec des milliers de mes étudiants dans le cadre de mes ateliers pour les aider à ouvrir leur troisième œil, centre d'énergie spirituelle (chakra) qui régit la clairvoyance. Raphaël est très doux, bienveillant, généreux et tendre et vous saurez qu'il est dans les alentours quand vous verrez des étincelles ou des éclairs de lumière vert émeraude.

Les archanges Raphaël et Michael travaillent souvent en tandem afin d'exorciser les esprits malveillants et de chasser les énergies inférieures des personnes et des lieux physiques. *Le testament de Salomon* décrit comment Raphaël a remis au roi Salomon l'anneau magique où était gravée la puissante étoile à six pointes. Salomon a ensuite utilisé l'anneau et son symbole pour vaincre les démons. Ainsi, une partie du travail de guérison de Raphaël est la délivrance de l'esprit et le dégagement de l'espace.

Aide apportée :

- Élimination et réduction des dépendances et des envies obsessionnelles
- Clairvoyance
- Vue physique et spirituelle
- Guide et soutien aux guérisseurs
- Guérison des humains et des animaux
- Retour des animaux familiers perdus
- Dégagement de l'espace
- Relâchement de l'esprit
- Voyageurs – protection, propreté et harmonie

INVOCATION

Chaque fois que vous, une autre personne ou un animal éprouvez de la souffrance physique, faites appel à l'archange Raphaël pour obtenir un traitement angélique. Il interviendra directement sur le corps de la personne ou de l'animal, en plus d'offrir des conseils sur la façon d'arriver à la guérison.

Pour invoquer Raphaël pour vous-même, prononcez mentalement les paroles suivantes :

« Archange Raphaël, j'ai besoin d'aide pour [décrivez la situation]. Je te demande d'entourer et d'imprégner mon corps de ta puissante énergie de guérison et d'amour divin. Je remets la situation entièrement entre les mains de Dieu et je sais que, grâce à cet abandon, je pourrai laisser se révéler la santé que Dieu m'a donnée. Merci pour l'énergie, le bien-être et le bonheur, Dieu et Raphaël ! »

Pour invoquer Raphaël au nom d'une autre personne, vous pouvez l'imaginer, en compagnie d'autres anges, entourer la personne ou l'animal de leur réconfortante présence et l'envelopper de leur lumière vert émeraude. Vous pouvez demander à Dieu d'envoyer Raphaël ou vous adresser directement à Raphaël :

« Archange Raphaël, je te demande de rendre visite à [nom de la personne ou de l'animal] afin de lui apporter la guérison et de procurer santé et bien-être à toutes les personnes concernées. Je te demande d'élever nos pensées pour qu'elles ne soient faites que de foi et d'espoir et de faire disparaître tous les doutes et toutes les peurs. Je t'en prie, dégage la voie pour que la santé divine se manifeste maintenant et à jamais. Merci. »

L'archange Raziel

(Judaïsme, Cabale)

Également appelé Ratziel, Saraqael, Suriel.

Raziel veut dire « secret de Dieu », parce que cet archange travaille si étroitement avec le Créateur qu'il connaît tous les secrets de l'Univers et de son fonctionnement. Raziel a consigné tous ces secrets dans un recueil de symboles et de magie divine appelé *Le Livre de l'ange Raziel* ou *Sefer Raziel*. Après qu'Adam et Ève furent expulsés de l'Éden, Raziel a remis cet ouvrage à Adam pour que les secrets de la grâce de Dieu lui soient manifestés. Plus tard, le prophète Énoch a reçu le livre avant son ascension et sa transformation en l'archange Métatron. Noé a lui aussi reçu le livre des mains de l'archange Raphaël et il a ensuite utilisé l'information s'y trouvant pour bâtir son arche et aider ses habitants à survivre après le déluge.

De nombreux chercheurs affirment que cet ouvrage cryptique (que l'on peut facilement trouver en librairie) a en fait été écrit au Moyen Âge par un érudit juif, Éléazar de Worms ou Isaac l'aveugle. Toutefois, le livre est très difficile à déchiffrer et on dit que ses lecteurs doivent faire appel à Raziel pour en comprendre le sens.

Raziel peut vous aider à comprendre les écrits ésotériques, les principes de manifestation, la géométrie sacrée, la physique quantique et autres matières complexes. Il peut également vous aider à élever votre capacité de perception extrasensorielle ainsi qu'à mieux voir, entendre, connaître et sentir les conseils divins.

Tel un sorcier divin, Raziel peut aussi vous aider à percevoir des manifestations.

Raziel est très chaleureux, bon et intelligent. Sa présence peut sembler subtile mais, avec le temps, plus vous l'invoquerez, mieux vous sentirez son influence positive dans votre pratique spirituelle.

Aide apportée :

- Alchimie
- Clairvoyance
- Magie divine
- Information d'ordre ésotérique
- Manifestations
- Capacités para psychologiques

INVOCATION

Pour approfondir votre compréhension spirituelle des divers concepts ésotériques, faites appel à Raziel. Comme ses messages ont une grande profondeur, il vaut mieux communiquer avec lui dans un environnement calme. Fermez les yeux, prenez de profondes respirations, apaisez votre esprit et dites mentalement les paroles suivantes :

« Archange Raziel, je te demande de m'aider à m'ouvrir l'esprit aux sublimes secrets de l'Univers. Aide-moi à chasser toute croyance contraignante et toute peur pour que je puisse en arriver à une compréhension spirituelle sur le plan le plus profond et le plus clair. Plus particulièrement, j'aimerais profiter de tes enseignements en ce qui a trait à [décrivez un problème auquel vous aimeriez trouver solution en posant toutes vos questions, une à la fois, et en laissant à Raziel beaucoup de temps pour répondre à chacune d'entre elles puis en vous laissant la chance d'absorber et de digérer ses réponses]. Merci, Raziel, de tes enseignements. »

L'archange Sandalphon
(Judaïsme)

Également appelé *Sandolphon, Sandolfon.*

Sandalphon est l'un des deux seuls archanges dont le nom ne comporte pas la terminaison « el » (qui signifie « Dieu » en hébreu). Son nom signifie « frère » en grec, en référence à son frère jumeau, l'archange Métatron. Les jumeaux sont les deux seuls archanges du ciel à l'origine des êtres mortels. En effet, Sandalphon était le prophète Élie, et Métatron le sage Énoch. Dieu leur a confié une mission à remplir en tant qu'archanges immortels pour les récompenser du bon travail qu'ils avaient accompli sur Terre et pour leur permettre de poursuivre leur service sacré à partir du ciel. Au moment de son ascension, Élie s'est élevé jusqu'au ciel dans un char de feu tiré par deux chevaux et porté par un tourbillon, événement relaté dans le deuxième chapitre de II Rois.

Le rôle principal de Sandalphon consiste à transmettre les prières humaines à Dieu pour qu'elles soient exaucées. On dit qu'il est si grand qu'il s'étend de la Terre jusqu'au ciel. Les anciens récits cabalistiques racontent que Sandalphon peut aider les parents qui attendent un enfant à déterminer le sexe de leur nouveau-né et d'aucuns croient aussi qu'il a une influence dans le domaine de la musique.

Les messages de l'archange Sandalphon sont transmis, telles des rêveries, par de doux murmures portés par les ailes des anges – ils sont si ténus qu'ils peuvent aisément passer inaperçus si vous n'y portez pas attention. Quand vous invoquez Sandalphon, demeurez à l'affût de toute parole ou de toute musique qui pourrait surgir dans votre esprit car elles constituent en toute probabilité une réponse à vos prières.

Aide apportée :

- Musique
- Transmission et exaucement des prières
- Détermination du sexe de l'enfant à naître

INVOCATION

S'il y a une prière que vous souhaitez ardemment voir exaucée, faites appel à l'archange Sandalphon en pensant à votre prière et en prononçant les paroles suivantes :

« Très cher archange Sandalphon qui transmet et exauce toutes les prières, je fais appel à ton aide. Je te demande de transmettre ma prière [récitez votre prière] à Dieu le plus rapidement possible. Je te prie de m'envoyer un message clair que je comprendrai aisément. Tiens-moi au courant des progrès de ma demande et laisse-moi savoir si je dois faire quoi que ce soit. Merci et *amen.* »

L'archange Uriel

(Judéo-christianisme)

Uriel signifie « Dieu est lumière », « lumière de Dieu » ou « feu de Dieu », parce qu'il illumine les situations et fournit de l'information prophétique ainsi que des avertissements. Par exemple, Uriel avait averti Noé de l'imminence du déluge, aidé le prophète Ezra à interpréter certaines prédictions mystiques sur la venue du Messie et livré la cabale au genre humain. C'est également Uriel qui aurait transmis les connaissances et les pratiques alchimiques – l'alchimie est une science occulte visant à la transmutation des métaux vils en métaux précieux et à rendre possibles certaines manifestations – au genre humain.

Uriel est considéré comme l'un des archanges les plus sages. Il ressemble à un vieux sage à qui on peut faire appel pour obtenir de l'information intellectuelle, des solutions pratiques et des idées créatives. Vous n'aurez pas à escalader de montagne pour atteindre ce sage, car Uriel viendra à vous instantanément. Toutefois, il ne possède pas une personnalité aussi distinctive que celle de l'archange Michael, par exemple. Il se peut même que vous ne vous rendiez même pas compte qu'Uriel a répondu à votre appel jusqu'à ce que vous remarquiez qu'une idée géniale vient de germer dans votre esprit.

C'est peut-être en raison de ses liens avec Noé et de ses affinités avec les éléments tels que le tonnerre et les éclairs qu'Uriel est considéré comme un archange qui nous vient en aide en cas de tremblement de terre, d'inondation, d'incendie, de tempête, de tornade, de catastrophes naturelles et de changements terrestres. Faites appel à l'archange Uriel pour échapper à de tels événements ou pour vous remettre de leurs conséquences.

Aide apportée :

- Alchimie
- Magie divine
- Changements terrestres
- Résolution de problèmes
- Compréhension spirituelle
- Études, examens et étudiants
- Climat
- Écriture

INVOCATION

Comme Uriel possède un grand nombre de talents et nous vient en aide dans de nombreux domaines, il est bon de faire appel à lui régulièrement. Considérez-le comme un mentor capable de prodiguer des leçons de vie et d'en superviser l'application. L'une des principales façons dont Uriel nous apporte assistance consiste à nous fournir une grande quantité de renseignements pour que nous puissions prendre des décisions éclairées. Si c'est votre objectif, invoquez-le de la façon suivante :

« Archange Uriel, je fais appel à ta sagesse pour [décrivez la situation pour laquelle vous souhaitez bénéficier d'une illumination]. J'ai besoin du plus d'information possible pour être capable de bien juger de la situation. Je te demande de m'aider à prendre une décision éclairée en me fournissant des renseignements sur tous les aspects de la situation. Aide-moi à entendre et à comprendre clairement l'information et à garder l'esprit aussi ouvert que possible. Merci, Uriel. »

L'archange Zadkiel

(Judaïsme)

Également appelé Satqiel, Tzadkiel, Zadakiel, Zidekiel.

Zadkiel veut dire « droiture de Dieu ». Il est considéré comme l'archange de la miséricorde et de la bienveillance, peut-être en raison du rôle qu'il a joué pour empêcher Abraham de sacrifier son fils Isaac à Dieu.

Zadkiel peut vous aider à éprouver pitié et compassion envers vous-même et les autres, à cesser de porter des jugements et à mieux pardonner. Il est donc un ange guérisseur qui œuvre aux côtés de l'archange Michael pour chasser les énergies négatives et les remplacer par un sentiment de foi et de compassion. Zadkiel nous aide à discerner la lumière divine en nous et chez les autres, au lieu de nous attarder aux caractéristiques de surface, aux erreurs de comportement ou à l'*ego*.

Si vous avez de la difficulté à pardonner à vous-même ou à quelqu'un d'autre, demandez l'intervention de Zadkiel. Tel un ramoneur, il nettoiera votre corps, votre esprit et votre cœur de toute rancune. Cela ne veut pas dire que vous sanctionnerez le comportement répréhensible des autres, mais plutôt que vous n'accepterez plus de traîner avec vous les séquelles émotionnelles de situations passées.

L'archange Zadkiel est aussi largement reconnu pour l'aide qu'il apporte relativement aux fonctions mémorielles. Si vous souhaitez mémoriser de l'information importante, vous rappeler l'endroit où vous avez rangé les clés de la voiture ou tout simplement augmenter les facultés générales de votre mémoire, faites appel à Zadkiel.

Aide apportée :

- Compassion
- Recouvrement des objets perdus
- Pardon à soi et aux autres
- Guérison émotionnelle et physique
- Augmentation des facultés mémorielles
- Capacité de retenir de l'information importante
- Études, étudiants et examens

INVOCATION

Chaque fois que vous êtes triste ou contrarié, demandez à Zadkiel d'intervenir :

« Archange Zadkiel, je te prie de m'aider à me guérir le cœur. Si je m'enlise dans le ressentiment, je te demande de m'aider à faire disparaître complètement ce sentiment. S'il y a quelque chose qui m'échappe, je te prie de m'aider à voir clairement de quoi il s'agit. Si je manque de compassion, emplis mon cœur de miséricorde. Si je suis inquiet ou anxieux, emplis mon cœur de confiance et de calme. Je m'en remets dorénavant pleinement à toi et à Dieu et je sais que, grâce à tes pouvoirs divins, tu veilleras à chaque détail avec sagesse, dans la grâce et l'harmonie. Merci. »

Artémis

(Grèce)

Également appelée Artémis Calliste, Délia, Luna,
mère Artémis, Phœbé.

Déesse grecque de la nouvelle lune, appelée Diane dans la mythologie romaine, Artémis est la fille de Zeus et de Léto. Son frère est Apollon.

Appelée la « chasseresse des âmes », Artémis est armée d'un arc et de flèches et passe le plus clair de son temps dans la nature en compagnie des nymphes des bois. Elle apporte sa protection à toute personne qui l'invoque, en particulier les jeunes femmes célibataires, les enfants et les animaux. Toutefois, elle agit toujours de façon non violente, avec pour seule arme sa sagesse. Elle est considérée comme une déesse de la nature, de la fertilité et de la lune.

Artémis ne perd jamais de vue ses objectifs et ses manifestations sont par conséquent empreintes d'une grande puissance. Elle nous enseigne l'importance de passer du temps dans la nature et de suivre notre intuition dans nos démarches visant à devenir des êtres humains plus naturels et authentiques.

J'ai invoqué Artémis juste après la nouvelle lune. « *Le pouvoir peut paralyser* », m'a dit une femme aux cheveux courts, au beau visage orné de deux grands yeux et aux oreilles légèrement pointues, dont l'apparence générale évoquait celle d'une fée. Elle semblait être en train de chasser, mais je savais qu'il ne s'agissait ni d'un animal ni d'une personne. Artémis m'a alors dit qu'elle chassait l'or métaphorique :

« Je traque la sagesse et les expériences pour ensuite les raconter aux enfants sous forme de contes de fées. Aujourd'hui, je m'emploie surtout à insuffler de la sagesse aux générations montantes. Les enfants connaissent mal leurs limites. Ils savent posséder un pouvoir qui excède parfois celui de leurs parents, alors ils se retiennent et ils hésitent à laisser libre cours à cette grande force, de peur de surpasser leurs gardiens adultes. Les enfants d'aujourd'hui ne se sentent pas en sécurité à moins que leurs parents ne soient plus puissants qu'eux. C'est pourquoi je travaille aussi aux côtés des parents des jeunes. Je les encourage à ne pas perpétuer une bataille d'ego avec leur progéniture, mais d'assumer leur pouvoir pour aider leurs enfants à prendre conscience d'eux-mêmes ; je les incite également à bien doser leur pouvoir et à l'utiliser avec amour. »

Aide apportée :

- Animaux, faune et flore
- Camping et randonnée
- Enfants, surtout les petites filles
- Protection de l'environnement
- Fertilité, conception et adoption
- Stimulation et respect de l'intuition
- Pouvoir, surtout féminin
- Protection

INVOCATION

Allez à l'extérieur pour prier Artémis – de préférence, tenez-vous debout, pieds nus, sur une surface faite de terre, de sable ou d'herbe, puis prononcez les paroles qui suivent :

« Artémis, je fais appel à ta camaraderie et à tes conseils pour que tu m'aides à prendre possession de mon intuition naturelle ainsi que de ma force et de mon pouvoir féminins, lesquels résident en tout homme et en toute femme. J'ouvre grand les bras pour accueillir ton amitié et ton leadership. Aide-moi à reprendre contact avec la nature et mon être naturel. Aide-moi à faire honneur à mes vrais sentiments ainsi qu'à défendre ce que je sais être la vérité au plus profond de moi. Aide-moi à être fort, sage et beau en toutes choses. Merci. »

Ashtar
(Nouvel Âge)

Également appelé commandant Ashtar.

Ashtar est un médiateur à la forme humaine qui travaille avec des extraterrestres et des humains afin d'aider à créer un Univers paisible.

Ashtar est membre de la Grande fraternité blanche (voir glossaire) et il travaille en étroite collaboration avec Jésus, l'archange Michael et Saint-Germain. Tel un videur de boîte de nuit, Ashtar protège la Terre des visiteurs mal intentionnés et des énergies négatives en provenance des autres planètes. Il aide à assurer la paix entre les populations planétaires par l'entremise de la Fédération intergalactique. Il dirige également un groupe d'humains et d'extraterrestres connus sous le nom de « Commandement d'Ashtar ».

La mission d'Ashtar consiste à éviter l'éclatement d'un conflit nucléaire sur Terre, qui aurait des répercussions négatives dans de nombreuses galaxies. Il veut aider les humains à réaliser leur potentiel maximal (l'ascension) et à se tourner complètement vers l'amour divin. Ashtar éloigne les humains de la pensée tridimensionnelle, qui se fonde sur les limites et les restrictions ainsi que sur la mesure du temps. Il prodigue également des conseils personnels sur les façons de demeurer calme et en sécurité au cours des nombreux changements que traverse la Terre.

Après avoir tenté d'entrer en contact avec Ashtar à plusieurs reprises, je me suis fait dire que le meilleur moyen de le rencontrer est de l'invoquer au cours d'une soirée claire et étoilée ou dans un avion volant à haute altitude. J'ai donc décidé de combiner les deux et de faire appel à lui à l'occasion d'un vol de nuit, alors que je me trouvais dans un avion volant à plus de 9 000 mètres d'altitude !

En plus d'avoir vu Ashtar, j'avais déjà perçu sa présence auprès d'un grand nombre de mes clients, en particulier ceux que j'appelle les « êtres stellaires » (les personnes qui ont un lien avec les autres galaxies). Ashtar est l'homme au teint pâle et aux cheveux blancs représenté sur la carte « Soutien » de mes cartes divinatoires *Healing with the Angels* ainsi que sur la couverture de mon livre sur les êtres stellaires, intitulé *Earth Angels*.

« *Je suis là*, m'a dit Ashtar une fois la communication bien établie. *Avant même de m'entendre, vous avez senti ma présence en éprouvant un sentiment d'amour chaleureux. Je viens d'une autre dimension, que votre conscience – qui existe dans une dimension tridimensionnelle fondée sur la mesure du temps – ne peut saisir aussi facilement que votre âme à l'occasion des séjours nocturnes qu'elle effectue auprès de nous en quête d'un enseignement de niveau plus élevé. Je ne veux pas empiéter sur vos missions, mais je suis ici si vous avez besoin de moi. Je promets de vous préserver de toutes les invasions de l'extérieur.* »

Aide apportée :

- Compréhension des extraterrestres et interactions pacifiques avec eux
- Changements terrestres
- Pensée profonde
- Protection

- Dissipation des peurs
- Compréhension spirituelle

INVOCATION

Ashtar est plus facile à joindre la nuit, lorsque les étoiles illuminent le ciel. Gardez à l'esprit votre intention de communiquer avec lui et il viendra à vous. Si vous avez certaines peurs concernant les extraterrestres, la présence d'Ashtar à vos côtés se fera discrète car il est un être aimant qui ne veut en aucun cas susciter de la peur.

Athéna

(Grèce)

Également appelée Pallas Athéna, Athene.

Les racines du prénom *Athéna* sont anciennes et multiculturelles ; toutefois, c'est en tant que déesse guerrière grecque de la sagesse, des affaires domestiques et des arts qu'elle est le mieux connue.

Athéna était la fille de Zeus et son temple était le Parthénon. De nombreuses légendes font état du courage et de la sagesse intuitive dont faisait preuve Athéna au cours des batailles. Dans les représentations artistiques, Athéna apparaît habituellement revêtue d'une cuirasse et munie d'un bouclier et d'une épée et elle est souvent accompagnée d'un hibou. Cet oiseau en est venu à être associé à elle, peut-être en raison de sa sagesse.

Lorsqu'elle porte le titre de Pallas, Athéna est une déesse guerrière qui protège les femmes et qui les incite à exprimer leur force intérieure et à défendre avec courage leurs convictions. Elle encourage les humains à se fier à leur sagesse intuitive au lieu d'avoir recours à la colère et à la violence pour régler leurs différends. Dans les enseignements du nouvel âge, Pallas Athéna est considérée comme un maître ascensionné du cinquième rayon, celui de l'honnêteté et de l'intégrité.

Quand j'ai fait appel à Athéna, j'ai aperçu une superbe femme debout dans un char monoplace ; elle portait des bandes métalliques aux poignets et était coiffée d'un casque en métal.

Son énergie était très intense et elle était haletante comme si elle avait tout juste réalisé une tâche exigeante :

« *Il n'existe pas de tâche trop ardue pour moi,* a-t-elle dit tout de go. *Je suis une travailleuse acharnée qui aime mener à bien toutes les tâches qui se présentent à elle. Je délègue souvent du travail aux êtres stellaires.* »

Athéna a alors montré du doigt les étoiles qui parsemaient le ciel en disant les considérer comme de doux êtres vivants habités par les âmes d'enfants innocents et aimants qui se dévouent pour lui venir en aide.

« *L'Univers entier respire*, a-t-elle affirmé en réponse à mes questions tacites à propos des étoiles. *Il regorge de vie et il n'est nulle part d'où la vie soit absente – c'est un mouvement perpétuel d'énergie qui circule partout, sans exception. C'est grâce à cette énergie que j'exécute mes tâches, en la dirigeant avec la poigne ferme et bienfaisante d'un parent déterminé. Vous pouvez faire la même chose.* »

Aide apportée :

- Résolution des différends
- Arts et artistes
- Activités artisanales et artisans
- Application de la justice
- Protection physique et psychique
- Évitement et résolution des guerres
- Écrivains et écriture

INVOCATION

Pour invoquer Athéna, vous pouvez prononcer les paroles suivantes :

« Athéna, j'ai besoin de ton aide et je requiers de tout cœur ta présence toute-puissante. Sœur bien-aimée, je te demande d'intervenir dans ma vie. Je te demande d'imprégner de ta force gracieuse toutes les sphères de mon existence : mes pensées, mes mouvements, mes relations et toutes les situations dans lesquelles je me trouve. Je te demande d'aider mes amis et ma famille à accepter et à honorer mon nouveau pouvoir. Je te prie de m'aider à canaliser et à employer cette force de façon pacifique et bienveillante. Je te remercie ! »

Babaji

(Himalaya)

Également appelé Mahavatar Babaji, Shri Babaji.

Rendu célèbre par le livre de Paramahansa Yogananda intitulé *Autobiographie d'un yogi*, Babaji est parfois appelé « l'avatar immortel » car il a réussi à surmonter les limites physiques de la vie humaine. On dit qu'il n'est jamais mort, mais que son corps physique a connu une ascension. Il existe de nombreux comptes rendus écrits racontant ses apparitions à des personnes en quête spirituelle. Toutefois, il ne se manifeste habituellement qu'à celles et ceux qui l'invoquent sur le plan spirituel ; ces personnes peuvent alors percevoir Babaji dans leurs pensées, à travers leurs sentiments ou dans des visions.

La mission de Babaji consiste à rapprocher l'humanité de Dieu et à suivre la volonté divine. Il encourage les gens à suivre leur propre cheminement spirituel, affirmant que toutes les religions mènent à Dieu. Il a encouragé Yogananda à faire connaître le kriya yoga (qui comprend 18 postures, également appelées *asanas* ou *mudras*) aux populations de l'Occident. Également reconnu comme une discipline pouvant mener à l'illumination, le kriya yoga est peut-être à l'origine du regain de popularité que connaît présentement le yoga.

Aide apportée :

- Apaisement ou élimination des dépendances et des besoins obsessionnels
- Travail de respiration
- Communication claire avec Dieu
- Manifestation
- Détachement de la matérialité
- Protection de la persécution religieuse
- Simplification de la vie
- Croissance spirituelle
- Pratique du yoga

INVOCATION

Répétez le nom de Babaji à plusieurs reprises et sentez dans votre cœur l'énergie que recèle ce nom. Dans son autobiographie, Yogananda dit que si nous prononçons le nom de Babaji avec vénération, il nous donne directement sa bénédiction. Il m'a dit que le meilleur moment de communiquer avec lui était à l'occasion de l'exécution d'exercices de respiration et de yoga. Babaji a dit ne faire qu'un avec le souffle universel et que lorsque nous inspirons et expirons en nous concentrant nous entrons consciemment en contact avec lui.

Brigit

(Irlande, Espagne, France et pays de Galles)

Également appelée Brid, Brighid, sainte Brigitte, Brigantia, Mary des Gaëls, Bride, Brigid.

Brigit est une déesse guerrière dont la personnalité représente un équilibre parfait entre la féminité et le pouvoir pleinement assumé. Selon la personne à qui vous demandez ce que son prénom peut vouloir dire, la réponse pourra être « celle qui est lumière », « flèche ardente » ou « flèche de puissance ». Tous ces termes décrivent Brigit à la perfection.

Brigit était à l'origine une déesse celtique très respectée qui était hautement vénérée dans l'Irlande ancienne ; un lieu de pèlerinage était érigé en son honneur dans la ville de Kildare, où des femmes entretenaient une flamme qui brûlait perpétuellement. Au Ve siècle, Brigit a été adoptée par l'Église catholique et rebaptisée sainte Brigitte.

Brigit est l'équivalent féminin de l'archange Michael, protégeant férocement et purifiant avec amour toutes les personnes qui font appel à elle. Comme Michael, Brigit transmet des conseils divins et des renseignements prophétiques. Elle est la demi-sœur du dieu celtique de l'amour, AEngus, les deux étant nés de la même mère. Brigit est connue comme une triple déesse de la flamme qui utilise le feu pour aider à nous purifier, en plus de stimuler la fertilité, la créativité et la guérison. « Triple déesse » signifie que Brigit a trois personnalités ou aspects différents, comme si elle était trois personnes à la fois, chacune possédant des fonctions et des spécialités distinctes.

Brigit est une déesse du soleil, associée au feu. Lorsqu'elle est en votre présence, il se peut que vous vous mettiez à avoir chaud et même à transpirer. Brigit est célébrée tous les ans le 1er février dans le cadre d'une cérémonie originellement appelée « Imbolc », rite d'inauguration du printemps célébrant la naissance du nouveau bétail.

J'ai invoqué la présence de Brigit un chaud après-midi d'été, alors que j'étais assise aux abords de la mer d'Irlande. Brigit est apparue sous les traits d'une flamboyante rousse à la superbe chevelure longue et ondulée. L'intensité de sa présence m'a surprise au début, mais elle dégageait aussi une bienveillante confiance, comme un soleil réchauffant sans aucune colère, ni peur ni urgence. Brigit m'apparaît comme un croisement entre Marie mère de Dieu, avec son amour plein de grâce et de féminité, et l'archange Michael, avec son engagement tenace à protéger les gens et à les aider à trouver un sens à leur vie. Elle est une super mère, à la fois accessible et aimante, mais aussi férocement protectrice. J'ai l'impression que rien ne peut résister à l'énergie et à la puissance protectrices sans faille de Brigit. Elle a dit :

« *Je suis l'incarnation d'une dévotion sans bornes envers les bonnes gens de la planète Terre. Jadis, j'ai foulé le sol de la Terre, et mon cœur a été brisé à de nombreuses reprises par des actions indélicates et insensées dirigées contre moi, mon peuple et la Terre. Pendant le temps qui me restait, je me suis employée à essayer de comprendre la nature humaine. Je saisis maintenant beaucoup mieux la nature de cette bête qu'est, en quelque sorte, le cœur humain. Je vois que sa fragilité tient à l'indécision et à l'inquiétude. Vous pouvez donc me confier vos tracas et je les éloignerai. L'humanité éprouve en ce moment un énorme chagrin en raison de la perte de son innocence* [**Remarque de l'auteure :** à mon avis, cette phrase faisait référence à l'après 11 septembre] *et des nombreuses rivalités* *inventées qui lui ont été imposées. Il s'agit là de frontières artificielles et le comité au sein duquel je travaille cherche à brouiller ces frontières afin que les humains atteignent l'unité et le salut. À ce stade, il est essentiel de donner priorité à l'unité et de se concentrer sur ce qui est un. À l'intérieur de chacune et chacun d'entre nous se trouve un sauveur. Apprenez à invoquer votre sauveur intérieur afin de compenser vos tracas et vos inquiétudes. Voyez comment cette déité intérieure intervient de façon tranquille discrète. C'est grâce à ces démarches que nous pourrons œuvrer ensemble – nous qui supervisons la mission sur une vaste échelle, ainsi que tous ceux et toutes celles, sur la planète, qui désirent ardemment faire revenir le bien. Ce travail d'équipe se fonde sur une compréhension du fait que nous ne faisons qu'un. Il n'est pas difficile de comprendre les rouages de ces mécanismes car ils sont orchestrés pour votre plus grand bien. Je les appelle les mécanismes du salut intérieur. Au lieu de simplement viser à l'amélioration en surface des situations et de la vie des autres, essayez plutôt ceci : Allez à l'intérieur de vous-même et explorez votre mission intérieure, votre territoire intérieur, vos déités intérieures. »*

Aide apportée :

- Augmentation du courage (en particulier chez les femmes)
- Sens de la vie et orientation
- Protection
- Chaleur – dans les relations, le corps et l'environnement

INVOCATION

Vous pouvez communiquer avec Brigit à tout moment ; toutefois, il est particulièrement efficace d'allumer une bougie et de regarder fixement la flamme en prononçant les paroles suivantes :

« Grande Brigit, je sais que tu peux m'entendre dès que je pense à toi. Je fais appel à ta présence ainsi qu'à ton aide. Je te prie de me prêter ton courage et ton pouvoir pour que je puisse me montrer à la hauteur de mes plus grandes capacités. Je te demande de réchauffer mon cœur et mon esprit de ta lumière et de consumer toutes les pensées ainsi que tous les sentiments et les comportements qui entravent la réalisation de mon potentiel divin. Aide-moi à trouver le courage d'être à mon meilleur et de me libérer de toute crainte d'exprimer pleinement mon pouvoir. »

Bouddha

(Asie)

Également appelé Siddhartha Bouddha, Bouddha Gautama,
Seigneur Gautama. Le nom Bouddha signifie
« l'illuminé ou l'éveillé ».

Né un soir de pleine lune le 8 mai (on ne s'entend pas sur
l'année exacte de naissance, mais on croit qu'elle se situe
aux environs de 500 av. J.-C.), le prince Siddhartha Gautama
grandit parmi les richesses derrière les murs d'un palais, à l'abri
du besoin. À mesure que les années passent et qu'il s'aventure
plus loin à l'extérieur du palais, il découvre la pauvreté, la
maladie et la vieillesse, réalités dont il n'avait jamais eu
conscience auparavant. Déterminé à aider à mettre fin à toutes
ces souffrances, le prince renonce alors à son rang et à ses
richesses et quitte le palais qui l'avait vu grandir pour devenir
moine mendiant.

Toutefois, son existence ascétique ne lui permet pas
d'atteindre la pleine illumination à laquelle il aspire. Il décide
donc de s'asseoir sous un figuier et de ne pas bouger de là
jusqu'à ce que cette illumination survienne. Un soir de pleine
lune, il inspire et expire profondément, chassant à jamais ses
envies corporelles et ses craintes. Une fois ces énergies
inférieures surmontées, il se met à se rappeler ses nombreuses
naissances antérieures. Ce processus l'aide à comprendre le
cycle infini de la vie et il saisit alors dans tout son être comment
surmonter le chagrin, la douleur et la mort. Lorsqu'il se lève
finalement de sous l'arbre de la Bodhi, il est devenu le Bouddha.

Les enseignements de Bouddha sur le détachement de la souffrance par la paix intérieure sont par la suite devenus les fondements du bouddhisme. Parce qu'il avait vécu les deux extrêmes au cours de son existence – en tant que riche prince et en tant qu'ascète –, Bouddha disait que la clé du bonheur réside dans « la voie du milieu », c'est-à-dire la modération en toute chose.

Vous constaterez peut-être qu'il est plus facile de percevoir Bouddha que de l'entendre. Lorsque vous invoquerez sa présence, vous sentirez probablement une vague d'amour chaleureux vous envahir le cœur. C'est là en quelque sorte sa carte de visite, signe que vous êtes bel et bien en contact avec sa bienveillante présence.

Aide apportée :

- Équilibre et modération en toutes choses
- Joie
- Paix intérieure et paix mondiale
- Croissance et compréhension spirituelles

INVOCATION

Assoyez-vous tranquillement et concentrez-vous sur le son de votre respiration. Remarquez que votre souffle ralentit lorsque vous êtes à l'écoute. Sentez et écoutez votre cœur battre en harmonie avec votre respiration. Imaginez une porte magique tout au fond de votre être. C'est un superbe portail décoré de puissants symboles et de cristaux.

De tout votre cœur, demandez d'entrer en contact avec Bouddha puis imaginez que vous ouvrez la porte et que vous l'apercevez là, à l'intérieur de vous. Continuez de respirer profondément, en sentant votre lien avec le bien-aimé Bouddha se solidifier à chacune de vos respirations.

Emplissez votre cœur de sa douce gentillesse, de son pouvoir subtil et de sa protection. Abandonnez-vous au sentiment de sécurité et de paix qui découle de sa présence. Posez-lui toutes les questions que vous voulez. Sentez la réponse envahir votre cœur et votre corps et entendez la réponse qu'il murmure dans votre esprit. Remarquez que toutes les paroles prononcées par Bouddha sont imprégnées du plus grand respect à votre égard et à celui de toutes les personnes concernées. Remerciez-le à la fin de votre rencontre.

Cordélia

(Angleterre, pays de Galles, Irlande)

Également appelée Creiddylad, Creudylad.

Cordélia est la merveilleuse déesse des fleurs printanières et estivales, ainsi que celle des fées des fleurs. Shakespeare en a fait la fille du roi Lear dans la pièce du même nom. Toutefois, elle est en fait la fille du dieu marin Lir. Elle est donc déesse de la mer par sa naissance.

On rend hommage à Cordélia le 1er mai à l'occasion de Beltane, célébration ancienne qui inaugure le début de l'été ; à cette époque de l'année, il commence à faire assez chaud pour que les fermiers fassent sortir le bétail des enclos et le laissent brouter dans les champs.

Cordélia est venue à moi alors que je me trouvais à Stonehenge, assise par terre et appuyée sur une pierre ancienne. Elle m'a livré le message suivant :

« *Réjouissances entremêlées de sagesse celtique ancienne, je mélange la sagesse stellaire des énergies astrales à une infusion de poudre de fée extraite du pollen terrestre des sages de la nature. Je suis un instrument de contradiction : la Terre et le ciel, le lever et le coucher du soleil, le froid et le chaud. Les extrêmes dénuées de compromis constituent une puissante combinaison. Sentez-les profondément dans vos os ancestraux, en relation avec ce que vous appelez la Terre mère. Vos os proviennent d'elle et, portés par un cycle infini, retourneront vers elle. Sentez-vous libre de vous détacher des préoccupations terrestres et de cheminer, entre la Terre et les étoiles, sans penser à autre chose qu'à la joie, aux réjouissances et au plaisir, pendant que je vous montre comment satisfaire tous vos besoins terrestres. »*

Aide apportée :

- Célébration
- Courage
- Jardinage et fleurs
- Joie
- Changements de vie
- Gestion du stress

INVOCATION

Faites appel à Cordélia chaque fois que vous vous sentez stressé ou que vous éprouvez une sensation d'enfermement dans un espace intérieur. Vous pouvez échapper à la routine du bureau en fermant les yeux et en vous imaginant debout dans un champ de fleurs en compagnie de Cordélia, par un superbe après-midi de printemps. Adressez-lui mentalement les paroles suivantes :

« Merveilleuse Cordélia, je viens à toi en toute amitié car j'ai besoin d'échapper pendant quelque temps à mes devoirs et à mes responsabilités. S'il te plaît, prends-moi la main et apporte-moi de l'air frais, un sentiment de liberté ainsi que le parfum des fleurs. Emporte-moi au loin pour que je goûte au repos dont j'ai besoin. Renouvelle mon esprit et emplis mon cœur de joie, de rire et de plaisir. Aide-moi à garder cette grande énergie dans mon cœur et dans mon esprit pendant le reste de la journée. Aide-moi à assumer mes responsabilités dans la joie. Merci ! »

Coventina

(Royaume-Uni)

Coventina est une divinité celtique qui veille sur les lutins et les nymphes d'eau. Déesse de la pluie, des rivières, des lacs, des ruisseaux, des étangs, des océans et des créatures aquatiques, Coventina adore les roseaux et les nénuphars qui ornent les berges des rivières. Elle apporte guérison à celles et ceux qui l'invoquent alors qu'ils sont en train de nager dans un cours d'eau. Elle stimule également la croissance de la végétation à proximité des plages, des rivières, des bords de lacs et des îles.

En raison de la relation particulière qu'elle entretient avec l'eau, Coventina nage avec aisance dans les espaces psychiques et favorise l'inspiration, les capacités psychiques, les rêves et les prophéties. On l'associe également à la purification et à la propreté. Vous pouvez faire appel à elle pour bénéficier d'un baptême spirituel grâce auquel vous serez libéré des tracas et du besoin de porter des jugements et qui vous aidera à éviter de consommer des substances malsaines ou pouvant entraîner une dépendance.

Dans les temps anciens, pour obtenir l'assistance de Coventina, les gens lançaient des pièces de monnaie dans un puits qui lui était dédié (il s'agit probablement là de l'origine du puits aux souhaits). À l'image des pièces de monnaie, Coventina représente l'abondance dans tous les domaines. La légende l'associe également aux poissons volants et c'est pourquoi les gens qui ont peur de prendre l'avion peuvent l'invoquer pour chasser leurs craintes et retrouver un sentiment de sécurité.

Étant donné que Coventina est avant tout considérée comme une divinité britannique (bien qu'elle apporte son aide dans le monde entier), il était tout à fait approprié que je lui parle alors que je me trouvais dans l'ancien temple circulaire en pierres de Stonehenge, dans le sud de l'Angleterre. Elle m'a dit :

« J'apporterai mon aide à toutes les personnes qui œuvrent au bien-être écologique, en particulier en ce qui a trait à la propreté de l'eau, à la préservation des cours d'eau et de leurs habitants et aux problèmes de pénurie d'eau. Je suis entièrement dévouée aux baleines, aux dauphins et à tous les cétacés. »

Aide apportée :

- Abondance
- Dauphins et cétacés
- Défense de l'environnement
- Guérison à partir de l'eau
- Capacités psychiques et prophéties
- Purification et propreté
- Nage
- Propreté de l'eau et alimentation en eau

INVOCATION

Coventina intervient par le truchement de nos rêves, si nous l'invoquons juste avant d'aller dormir. Elle emmènera avec elle l'essence supérieure des dauphins et des baleines. Ensemble, ils vous livreront des messages relevant d'un plan élevé dont vous ne vous souviendrez peut-être pas le matin venu, mais dont la teneur sera incorporée à votre subconscient et vous procurera réponses et conseils. Avant de vous endormir, prononcez les paroles suivantes :

« Coventina, je te demande, à toi et à tes compagnons dauphins et baleines, de pénétrer dans mes rêves cette nuit et de m'élever au-delà du plan tridimensionnel jusqu'à un endroit empreint de sagesse où je pourrai obtenir des réponses. [Posez-lui toutes les questions auxquelles vous désirez obtenir réponse pendant votre sommeil.] Merci de ton aide et de ton solide soutien. »

Damara

(Royaume-Uni)

Damara signifie « douce ». Gentille et docile, Damara est une déesse de la domesticité et du foyer qui aide à installer l'harmonie familiale – c'est-à-dire à maintenir une énergie paisible dans la sphère domestique. Damara favorise également les manifestations financières pour aider à payer des dépenses familiales. Elle a dit :

> « *Je suis heureuse de vous guérir, de vous guider et de vous aider à sentir la chaleur de l'amour, de la passion et du dévouement, sans peur et sans tracas. Je suis également heureuse d'aider les enfants lorsqu'ils s'infligent des coupures et des bleus ou encore subissent des blessures émotionnelles. Je suis particulièrement disponible aux familles avec de jeunes enfants. Je me ferai un plaisir de guider une mère qui doit prendre une décision importante touchant le bien-être de sa famille. Et si une femme songe à divorcer ou à quitter le père de ses enfants, elle peut faire appel à moi pour obtenir aide et conseils.* »

Aide apportée :

- Abondance – en particulier pour des besoins dans la sphère domestique
- Conseils aux enfants et guérison de leurs blessures
- Paix domestique
- Manifestations – en particulier pour des besoins d'ordre familial et domestique

INVOCATION

Faites appel à Damara chaque fois que vous avez besoin d'aide dans la sphère domestique, notamment avec votre conjoint, votre partenaire de vie, votre colocataire, vos parents ou vos enfants – bref, si vous souhaitez qu'elle intervienne auprès de l'une des personnes avec qui vous vivez. Voici un exemple de la façon dont vous pourriez communiquer avec elle. Fermez les yeux et dites mentalement les paroles qui suivent :

« Damara, j'ai besoin de ton aide immédiate, s'il te plaît ! Je te demande d'aller vers [nom de la personne de la maisonnée à propos de laquelle vous avez besoin d'aide] et de lui faire état de mon désir de paix et d'harmonie. Je te demande de faire savoir à [nom] que je suis une personne aimante habitée de bonnes intentions. Je te prie d'aider [nom] à cesser de porter des jugements contre moi et de m'aider moi aussi à faire de même. Damara, emplis notre maison d'une si grande énergie d'amour que rien d'autre ne puisse y entrer. Toute personne qui pénétrera ensuite dans cette maison bénéficiera de ta guérison. Je te suis extrêmement reconnaissante de cette intervention, Damara. »

Dana

(Irlande)

Également appelée *Danu, Danann*.

Dana tire ses racines d'un mot irlandais ancien, *Dan*, qui signifie « connaissance ». Elle est une puissante déesse créatrice celtique considérée comme un aspect maternel du Créateur divin. Selon les historiens, c'est elle qui a les racines les plus anciennes de toutes les déités celtiques ; elle était très respectée des Tuatha Dé Danaans, groupe d'alchimistes de l'Irlande pré gaélique. La légende raconte que lorsque les Gaéliques ont envahi l'Irlande les Tuatha Dé Danaans sont devenus les farfadets qui peuplent depuis le pays.

Lorsque, assise sur un promontoire surplombant la mer d'Irlande, j'ai invoqué la présence de Dana, j'ai aperçu tout d'abord un vêtement similaire à une traîne royale – majestueux et orné de joyaux. Puis j'ai vu une couronne royale. « Mais Dana est une déité féminine ! » ai-je alors protesté mentalement. Puis je l'ai aperçue – elle ne ressemblait pas à ce à quoi je m'attendais (je me l'imaginais sous les traits d'une grand-mère excentrique). Au lieu de cela, c'est une femme d'apparence jeune et rationnelle respirant la sagesse et l'intelligence qui est apparue devant moi.

Dana a déposé la couronne sur ma tête et la cape sur mes épaules. Comme je m'apprêtais à protester, elle m'a arrêtée immédiatement. « *Vous êtes toutes et tous des êtres royaux*, m'a dit Dana en guise d'explication, en parlant de toute l'humanité, *et vous devez me laisser l'honneur de vous offrir l'ensemble de mes services.* »

Je savais bien que Dana ne voulait pas dire par là qu'elle donnerait lieu sous mes yeux à tout un catalogue de manifestations. Elle m'a ensuite assurée que son énergie était « *inextricablement liée à chaque acte de manifestation magique* ». Elle a ajouté : « *N'oubliez pas que je ne suis qu'un aspect de Dieu, et que Jésus, votre maître enseignant occidental, vous a enseigné que vous étiez toutes et tous des dieux.* »

Dana m'a ensuite montré des ondes d'énergie, entremêlées les unes aux autres comme des cordes parallèles, et m'a dit que chacune et chacun d'entre nous sommes une partie de ces ondes. Sa longueur d'onde est souvent la fondation, la ligne de soutien énergétique sur laquelle nous pouvons tous nous appuyer. « *Laissez la nature suivre son cours lorsque vous faites des miracles* », a-t-elle ajouté. Et elle a répété que nous sommes tous des rois, des reines, des dieux et des déesses… des déités à part entière : « *Vous êtes des déités en herbe et vous perfectionnez vos compétences avec l'aide de chaperons comme moi.* »

Aide apportée :

- Abondance
- Alchimie et magie divine
- Guérison des animaux
- Enfants, fertilité et maternité
- Connaissance du royaume élémentaire, travail avec les êtres qui y évoluent (en particulier les farfadets)
- Valeur personnelle, estime de soi et sentiment de mérite

INVOCATION

Portez, regardez ou tenez à la main quelque chose qui vous procure un sentiment d'abondance, ou même mieux, qui vous rend heureux comme un roi (ou une reine). Vous pourriez par exemple vous rendre dans une bijouterie et y essayer une superbe bague ou contempler la photographie d'une propriété somptueuse. Imaginez que vous possédez des ressources illimitées et que vous éprouvez un sentiment de totale sécurité financière. Même si vous ne pouvez imaginer et éprouver cette sensation que pendant une courte période, cela est suffisant. Puis, dites mentalement à Dana :

« Dana, je te remercie de me prêter tes pouvoirs magiques, que j'utilise au service de la joie et du plaisir et pour mieux mener à bien ma mission divine. Merci de la générosité dont tu as fait preuve en me montrant comment accepter ces ressources et comment en jouir pleinement. Merci de m'aider à recevoir sans culpabilité et à croire que je mérite cette attention et ce soutien, qui, en bout de ligne, m'aideront à aider la planète. »

Devi

(Inde)

Également appelée Ambika, Ghagavati, Devee, Ida, Shakti.

Devi est une déesse hindoue ou védique connue comme la « mère universelle » ou « mère du monde ». Déesse mère par excellence, elle est l'énergie féminine de Dieu. Devi, par conséquent, est l'incarnation de pouvoir divin : absolu, créatif et plein d'encouragements. Elle fait partie des déesses les plus importantes de l'Inde.

Le mot Devi est parfois employé de façon générique pour désigner l'ensemble des déesses. Celles-ci sont toutes considérées comme des aspects de l'unique Devi, qui est l'énergie féminine du Créateur unique.

Quand j'ai invoqué Devi, assise sur un promontoire surplombant l'océan Pacifique, sur la côte de Kona, à Hawaii, j'ai tout d'abord senti une énergie maternelle m'introduire une substance sucrée dans la bouche. C'était comme si maman m'avait donné une récompense. Devi a dit :

> « *Laissez-moi vous sucrer le palais* [en voulant dire vous nettoyer le palais] *pour que vous puissiez pleinement goûter, entendre et comprendre mon message de joie. La purification est une première étape essentielle car elle permettra à moult formidables messages d'amour de vous atteindre. Lorsque vous entendez mon appel, chassez toute pensée liée à des possessions terrestres. Le*

monde a besoin de vous afin d'apaiser la douleur qui envahit l'essence même de l'âme des humains. Je vous pousse vers la compassion, vous incitant à entreprendre des démarches en vue de guérir la douleur du monde. Mon cœur s'emplit d'amour et de gratitude envers ceux et celles qui sont prêts à faire preuve de générosité et de gentillesse envers les personnes nécessiteuses. Le chagrin n'a aucune prise sur vous lorsque votre cœur est occupé à aider les autres. En pourvoyant aux besoins d'autrui, vous cessez de penser constamment à vous-même. Je suis ici à titre de pourvoyeuse et je me tiens à vos côtés afin de vous aider à nourrir les cœurs et les corps affamés. Je veux empêcher les jeunes enfants de grandir en se méfiant de l'amour et d'acquérir un cœur de glace. L'enfer, c'est lorsque les gens n'ont plus de cœur ; ils deviennent alors froids et inutiles, incapables de participer au chant du cœur de la planète. En ce moment, bien des gens tournent en rond, à la recherche d'un guide qui les mènerait dans une nouvelle atmosphère tout imprégnée d'amour et des manifestations de l'amour. »

Aide apportée :

- Élimination des dépendances, désintoxication
- Capacité de donner un sens à sa vie et à sa carrière
- Purification du corps et de l'esprit
- Tous les aspects des relations amoureuses

INVOCATION

Le meilleur moment pour communiquer avec Devi est lorsque vous êtes assis seul dans la nature, dans une chaise confortable, ou directement sur le sable, dans l'herbe ou sur le sol. Enlacez votre propre corps et imaginez que Devi se joint à vous et vous prend dans son étreinte. Sentez son amour envahir votre cœur et votre corps et imprégnez-vous-en encore plus profondément en inhalant longuement et en exhalant lentement. Demandez-lui mentalement d'investir votre cœur, votre esprit et votre corps et de vous purifier en vous libérant des toxines et en vous préservant du manque d'enthousiasme, des pensées sombres et du durcissement de vos sentiments. Sentez les rayons de son énergie bienveillante vous traverser le corps et sachez qu'elle vous purifie soigneusement de façon à la fois profonde et douce. Il se peut que vous ayez de petits mouvements convulsifs à mesure que Devi vous libère des énergies inférieures. Lorsque votre corps est redevenu immobile, demeurez en communion mentale avec elle aussi longtemps que vous le désirerez. Demandez-lui de vous aider à vous lever et sentez l'énergie de votre corps se renouveler. Remerciez ensuite Devi et faites le projet de communiquer souvent avec elle.

Diane

(Rome)

Également appelée Diane d'Éphèse.

Similaire à certains égards à la déesse grecque Artémis, Diane est une déesse lunaire qui apporte son aide dans les domaines de la fertilité et de l'abondance.

Fille de Jupiter, dieu des dieux, Diane est considérée comme la déesse de l'accouchement car sa mère a connu une grossesse absolument sans douleur. De plus, immédiatement après sa naissance, Diane a aidé à mettre au monde son frère jumeau Apollon.

Diane est associée au bain et à la purification. Dans son temple à Éphèse, en Turquie (l'un des plus grands temples de l'Antiquité et dont la Bible fait mention dans Actes 19), des femmes disciples s'administraient jadis des lavements de cheveux rituels devant le sanctuaire de Diane.

Diane passe du temps avec les éléments ainsi qu'avec les nymphes des bois et des forêts. Elle éprouve une affection particulière pour les femmes et aide les lesbiennes dans leurs relations et leurs rapports avec la société. Elle est habituellement représentée avec l'arc et la flèche que son père lui avait donnés alors qu'elle était petite fille et qui symbolisent la force et le pouvoir féminins.

Une soir de lune ascendante, Diane m'a dit :

« *Je vous aide* [en voulant dire tout le monde] *à vous élever au-dessus de toutes les préoccupations terrestres, de la même façon que la Lune plane au-dessus de la Terre. Soyez comme la Lune, éclairant gaiement les autres de votre lumière, puis comme la nouvelle Lune, qui se retire à intervalles réguliers pour jouir d'un répit personnel. La Lune n'a pas peur de briller et ne craint pas l'attention, le ridicule ou le rejet. Ces peurs de niveau inférieur font sombrer les Terriens dans le désespoir et la dépression parce que l'âme sait qu'elle est capable de tellement plus ! L'âme n'aime pas être harnachée ou restreinte, oh non ! Libérez-vous complètement, de façon à ce que je puisse répandre sur vous l'éclat de ma lumière, reflet de votre sainteté manifestée.* »

Aide apportée :

- Animaux – élevage, grossesse, accouchement
- Accouchement sans douleur
- Liens avec les éléments
- Préoccupations des lesbiennes
- Jumeaux

INVOCATION

La communication que vous établirez avec Diane est plus susceptible d'être concluante les soirs où la Lune brille dans le ciel. Toutefois, vous pouvez communiquer avec elle en tout temps.

« Diane, je te demande de m'aider à briller aussi fort que toi. Aide-moi à me libérer de ma peur du ridicule ou du rejet pour que je puisse être pleinement moi-même. Guide-moi vers un plan supérieur où je pourrai être le plus utile à l'humanité en devenant un exemple par excellence de ce qu'on peut accomplir lorsqu'on est à l'écoute de sa sagesse intérieure, de l'amour et des conseils divins. Fais en sorte que ma vie soit pleine, très pleine de lumière. Merci. »

El Morya

(Société théosophique, Nouvel Âge)

El Morya est un nouveau maître ascensionné, mentionné pour la première fois dans les années 1880 par madame Blavatsky, fondatrice de la Société théosophique, et popularisé de nouveau dans les années 1960 par Mark et Elizabeth Clare Prophet ainsi que d'autres auteurs s'inspirant des « enseignements JE SUIS ».

El Morya semble être inspiré d'un homme réel du nom de Ranbir Singh, fils du *rajah* Gulab Singh, qui régnait sur le Cachemire dans les années 1840. En 1845, alors que les Anglais menacent d'envahir le Cachemire, le *rajah* Singh leur verse une rançon pour les convaincre de renoncer à leur projet. À la mort du *rajah*, en 1858, Ranbir devient *maharajah* du Cachemire.

Les historiens attribuent à Ranbir l'unification des États du Nagar et du Hunza et l'instauration de lois justes et humaines dans les domaines civil et criminel. Ranbir était très populaire parmi la population. Il est décédé en 1885, à la même époque où madame Blavatsky écrivait son livre relatant des messages en provenance de maîtres ascensionnés. Blavatsky affirmait avoir passé du temps avec El Morya en Inde et il se peut qu'elle ait donné un pseudonyme à Ranbir dans le but de protéger l'amitié qui les unissait.

La Société théosophique de madame Blavatsky définit Morya comme étant :

« le nom d'une tribu rajput composée presque exclusivement de descendants du célèbre souverain moryen de Morya-Nagara. La dynastie moryenne a commencé avec certains Kshatriyas de la lignée des Sakya, étroitement apparentés à Gautama Bouddha, qui ont fondé la ville de Morya-Nagara dans l'Himalaya ».

Madame Blavatsky, et plus tard Elizabeth Clare Prophet, ont en effet mentionné qu'El Morya était un « prince rajput » et un « *mahatma* tibétain », deux descriptions qui conviennent parfaitement à Ranbir.

Quand j'ai invoqué la présence d'El Morya, il est venu à moi rapidement, de la façon la plus extraordinaire qui soit. L'homme que j'ai alors aperçu ressemblait étroitement aux toiles que madame Blavatsky a peintes pour représenter El Morya. Je précise n'avoir regardé les œuvres d'art de madame Blavatsky qu'après ma rencontre avec El Morya.

« *Laissez de côté vos tracas, vos soucis et vos inquiétudes, et venez à moi* », m'a-t-il dit. Une homme à la peau brune, légèrement costaud et arborant un radieux sourire plein d'amour me faisait face, les bras grands ouverts. « *Laissez-moi vous enlacer et réaliser une transfusion d'énergie afin de remplacer l'absence de foi par de la foi.* » Je me suis alors laissée fondre dans son étreinte de jeune grand-père, puis j'ai senti ma respiration s'approfondir et éprouvé une sensation de picotement dans les mains, les poignets, les mollets et les pieds.

El Morya m'a expliqué qu'il surmontait mes obstacles intérieurs, qui selon lui constituaient des murs de défense que je m'étais construits en croyant, à tort, me protéger :

« *Il vaut tellement mieux utiliser ceux-ci*, a-t-il dit en me montrant deux boucliers superbement ornés. *Celui-ci protège votre cœur et celui-ci est destiné au creux de vos reins, deux régions vulnérables pour des porteurs de lumière comme vous. Grâce à une forme de chirurgie psychique, je vais installer ces boucliers en permanence dans les profondeurs de votre être, afin de vous protéger de tout danger. Grâce à ces boucliers, les problèmes auront autant d'effet sur vous que de l'eau sur le dos d'un canard ».* Il a alors expliqué que les boucliers servaient de tampon pour apaiser l'impulsivité, qui mène toujours à prendre des décisions dénuées de sagesse sur le coup de l'émotion.

« Je suis si heureux que vous m'ayez appelé et j'invite toutes les personnes à faire de même. Sur demande de leur part, j'installerai des boucliers adaptés aux particularités de leur champ énergétique. Les boucliers peuvent être retirés en un clin d'œil, vous n'avez qu'un mot à dire. Toutefois, je suis certain qu'ils vous aideront à vous sentir beaucoup mieux et mieux centrés et que leur présence vous réconfortera. »

Aide apportée :

- Prise de décision
- Foi
- Emprise sur le réel
- Protection – en particulier énergétique et psychique

INVOCATION

« Très cher El Morya, qui es au service de la lumière divine, je te demande de venir à moi maintenant. Escorte-moi jusqu'à l'endroit où sont distribuées les missions divines fondées sur le don de soi. Protège-moi des pensées négatives de mon propre esprit, de même que de l'énergie négative en général. Aide-moi à demeurer centré dans mon engagement à apprendre, à évoluer, à guérir et à enseigner avec une intention positive et avec une énergie positive. Merci. »

Forseti

(Pays nordiques)

Également appelée Forete.

Dieu nordique de la justice, de l'équité, de la conciliation et de la réconciliation, Forseti, c'est-à-dire « celui qui préside », met fin à toute dissension. En d'autres mots, il est le pacificateur par excellence. Au ciel, il agit comme médiateur ; après avoir écouté les deux parties à un litige, il arrive à trouver des solutions où tous sont gagnants. Il résout les différends avec amour, en persuadant avec délicatesse toutes les personnes en cause de se réconcilier.

Je lui ai parlé au crépuscule, perchée au sommet des monolithes du parc national de Joshua Tree, en Californie. Voici ce qu'il m'a dit :

> « *Je suis là et je guide vos pas à tout instant. Les rouages de la justice semblent tourner lentement, mais je travaille dans l'ombre et sans relâche à votre bien-être. Quelles que soient les difficultés auxquelles vous faites face dans le domaine juridique, je suis ici pour y faire échec immédiatement. Considérez-moi comme l'avocat suprême de la paix et de la justice – je ne coûte rien, je fais des visites à domicile et je réponds aussitôt à vos demandes.* »

Aide apportée :

- Résolution des disputes
- Équité
- Résolution des problèmes d'ordre juridique
- Paix
- Protection, en particulier dans le domaine juridique
- Questions liées à l'expression de la vérité

INVOCATION

Faites appel à Forseti quand vous rencontrez des problèmes d'ordre juridique, ou si vous sentez une menace peser sur vous. Il se mettra *illico* au travail :

« Cher Forseti, je te demande d'intervenir dans cette situation, dans le but d'installer un climat de gentillesse et d'équité. Merci de la résolution pacifique de ce différend, qui est déjà presque chose du passé. »

Ganesh

(Hindouisme, Inde)

Également appelée Ganesha.

Déité à tête d'éléphant, Ganesh aide toutes les personnes qui font appel à lui en faisant disparaître les obstacles avec lesquels elles sont aux prises. Dieu hindou de la prospérité et de la sagesse, il apporte également son aide dans les domaines de l'écriture et des projets artistiques. Il existe de nombreuses histoires différentes qui expliquent pourquoi Ganesh a une tête d'éléphant. Dans la plupart d'entre elles, Ganesh se fait trancher la tête (vraisemblablement par son père en colère) et sa mère la remplace avec la première tête qu'elle peut trouver.

Dans la religion hindoue, Ganesh est la première déité à laquelle on s'adresse dans ses prières. Il est recommandé d'invoquer Ganesh avant de procéder à une cérémonie, d'entreprendre un projet d'écriture ou avant toute entreprise qu'on souhaite voir couronner de succès.

Ganesh est extrêmement affectueux, doux, poli et délicat, tout en étant doté d'une très grande force physique. Il est suffisamment costaud pour ouvrir des sentiers devant vous de façon à vous indiquer le chemin à suivre, mais il est tellement rempli d'amour et de douceur que vous n'avez pas à craindre que sa force brute se retourne contre vous. Tout comme l'archange Michael, il constitue une force protectrice bienveillante et loyale.

Ganesh est surnommé « celui qui enlève les obstacles » parce qu'il fauche toutes les barrières qui se trouvent en travers de son chemin. Imaginez un éléphant apprivoisé qui vous précède dans un sentier en écrasant les broussailles de façon à dégager le passage et vous aurez un bon portrait de Ganesh.

À une certaine époque, j'avais beaucoup de difficultés dans les aéroports parce que les gardes de sécurité m'enjoignaient sans cesse d'ouvrir mes bagages à main pour les fouiller. Comme mon mari est moi faisions un voyage presque chaque week-end, ces fouilles incessantes ont commencé de me lasser. Je voulais que le personnel de sécurité m'ignore et me laisse passer sans m'apostropher. J'ai donc mis une petite statue de Ganesh dans mon sac à main et, à partir de ce moment-là, je n'ai eu à subir aucune autre fouille.

Ganesh vient immédiatement en aide aux personnes qui font appel à lui. Par exemple, un jour que je parlais au téléphone avec mon amie Johnna à la suite du décès de sa mère, j'étais en train de la consoler quand j'ai soudain aperçu l'image de Ganesh debout à ses côtés. J'ai dit : « Johnna, as-tu invoqué Ganesh ? » « Oui ! je porte un collier orné d'un médaillon à l'effigie de Ganesh. J'ai frotté le médaillon toute la journée en demandant à Ganesh de m'accompagner », m'a-t-elle aussitôt répondu.

Ganesh a dit :

« Je considère que tous les obstacles peuvent être surmontés. En fait, je ne vois pas d'obstacles du tout et c'est cela qu'il importe de comprendre. Toutes les barrières qui se dressent en travers de votre chemin viennent en réalité de vous. Elles représentent votre décision d'avoir peur d'aller de l'avant. Vous extériorisez vos peurs en projetant dans l'avenir des pensées noires, des inquiétudes que telle ou telle chose survienne. Vos craintes à propos de l'avenir créent des blocages et des épouvantails que vous rencontrez ensuite sur votre chemin. Mais ne vous en faites pas car, comme ils sont votre propre création, vous avez le pouvoir de les

faire disparaître si telle est votre volonté. Demandez mon aide et je mettrai fin à vos sombres illusions. Même si vous en êtes arrivé à faire se réaliser le pire des scénarios, faites appel à moi pour obtenir guérison et conseils. Toutes les formes de pensée sont sur un pied d'égalité et même si les apparences incitent à craindre le pire tous les obstacles sont surmontables. Je les fais facilement disparaître grâce à ma foi inébranlable, ma certitude que tout est bon, tout est amour. C'est le seul pouvoir qui soit, le reste n'étant qu'irréelles illusions. Abandonnez vos pensées noires et comprenez la vérité de toutes les situations : Dieu et l'amour finissent toujours par l'emporter. »

Aide apportée :

- Abondance
- Projets artistiques
- Paix et harmonie domestiques
- Enlèvement et évitement des obstacles
- Questions de sagesse
- Écriture

INVOCATION

Si vous ne connaissez pas l'apparence de Ganesh, trouvez une illustration de lui dans un livre ou sur Internet. Une fois que vous vous serez familiarisé avec son visage, il vous sera facile d'invoquer sa présence en l'imaginant dans votre esprit tout en prononçant les paroles suivantes :

« Ganesh bien-aimé, merci de faciliter mon chemin aujourd'hui en faisant régner l'harmonie et la paix suprêmes. J'apprécie que tu marches devant moi et que tu enlèves les obstacles qui pourraient nuire à ma progression.

Aide-moi à voir ce qu'il y a de beau en toute chose aujourd'hui. Merci. »

Guenièvre

(Royaume-Uni)

Également appelée Gwenhwyfar.

G uenièvre, dont le nom veut dire « blanche », est une déesse des relations amoureuses, de la fertilité et de la maternité. Elle travaille également avec les fées des fleurs. C'est elle que l'on voit sur la peinture qui orne la couverture du présent livre.

Elle est la triple déesse celtique dont il est question dans l'histoire du roi Arthur, de Camelot et de la Table ronde. À l'abbaye de Glastonbury, dans le sud de l'Angleterre, deux tombes portent une inscription indiquant qu'il pourrait s'agir des sépultures du roi Arthur et de Guenièvre. L'abbaye est magique, sacrée et remplie de cygnes blancs – c'est l'un de mes endroits préférés dans le monde entier. Il n'est pas difficile d'imaginer qu'Arthur et Guenièvre puissent reposer dans un lieu aussi enchanteur.

J'ai invoqué la présence de Guenièvre à Avebury, où se trouve un ancien cercle de pierres magique (comme à Stonehenge, mais en beaucoup plus gros), dans le sud de l'Angleterre. Je lui ai demandé : « De quelle façon aimeriez-vous par-dessus tout nous aider ? » Ce a quoi Guenièvre a répondu :

« Les histoires d'amour compliquées sont ma spécialité, car j'éprouve une résonance empathique avec toutes les femmes qui ont été dans une situation amoureuse où elles

ne se sentaient pas aimées ou pas dignes d'amour. Toute femme qui se sent mal à l'aise dans ce monde d'hommes – comme si elle s'aventurait en territoire inconnu – devrait explorer ce monde en me prenant comme fidèle compagne. »

Aide apportée :

- Amélioration et découverte de l'amour romantique
- Questions propres aux femmes

INVOCATION

Dessinez un cœur et regardez-le fixement tout en demandant à Guenièvre de vous apporter son aide pour une question dans la sphère romantique :

« Guenièvre, ma sœur, tu sais apprécier la profondeur de l'amour qui réside en mon cœur et ma capacité de donner à l'autre. Tu comprends mes désirs complètement. Je te donne maintenant la permission d'intervenir en mon nom à titre d'intermédiaire romantique, de me préparer à vivre une merveilleuse relation et d'ouvrir mon cœur ainsi que mon esprit pour que puisse y pénétrer un amour profond empreint de spiritualité, d'honneur, de confiance et d'engagement. Merci de m'aider à rencontrer sans délai mon seul amour véritable. »

Pour terminer, embrassez le dessin représentant un cœur et serrez-le contre votre poitrine. Imaginez qu'il s'agit là de l'être aimé et envoyez à cette personne de l'énergie empreinte d'amour (même si vous ignorez encore qui elle est). Demandez à Guenièvre de vous aider à garder confiance dans la possibilité de l'amour romantique.

Hathor
(Égypte)

Également appelée Athor, Athyr, Hat-hor, Hat-Mehit,
Hawthor, Tanetu, vache céleste, reine de la Terre,
mère de la lumière, l'œil de Rê.

Hathor est la déesse bien-aimée de l'Égypte ancienne du soleil, du ciel, des nouveau-nés et des morts. Comme les célébrations en son honneur étaient marquées par une abondance d'alcool, de musique et de danse, Hathor est considérée comme une patronne de la musique, de la danse et de l'ivresse. Elle est également associée à la beauté féminine, aux produits de beauté, aux vêtements à la mode et aux relations amoureuses.

Hathor est une déesse de l'amour et de la fertilité qui aide à réunir les âmes sœurs, veille sur la conception, protège les femmes enceintes, agit à titre de sage-femme et aide à l'éducation des enfants. Déesse polyvalente qui prend soin de tous les nouveau-nés et aide les morts à traverser paisiblement vers l'au-delà, Hathor s'est divisée en sept déesses pour pouvoir accomplir ses multiples tâches. C'est pourquoi on l'appelait « les sept Hathors ». Elle m'a dit :

> « *Quand il s'agit de justice, le cœur sait déjà où réside la vérité. Alors, je ne juge pas, je ne fais que guider tranquillement la personne à l'intérieur d'elle-même pour qu'elle puisse entendre la décision de son cœur. Je ne suis pas ici pour harceler ou interroger qui que ce soit, là n'est pas mon rôle. Je suis davantage un guide le long du voyage le plus crucial de tous, celui au cours*

duquel vous prenez des décisions concernant la façon dont vous souhaitez vivre votre vie. Chaque moment qui passe vous offre amplement d'occasions de vous poser des questions et d'évoluer. Le repos, c'est certain, fait également partie du voyage. Mais l'indécision vous éloigne de vous-mêmes et finit par vous couper aussi de votre Créateur-source. L'indécision découle d'une incapacité à entendre la voix de votre propre cœur et à lui faire confiance. Mon rôle, par conséquent, est d'envoyer mon énergie magique en direction des personnes qui demandent mon aide quand elles prient, quand elles expriment leurs inquiétudes ou même dans des conversations informelles. Les personnes qui sont préparées absorbent mes rayons, qui font pencher la balance de l'indécision du côté des véritables désirs du cœur. En ce sens, je suis un détecteur de vérité ; toutefois, c'est à chaque individu qu'il revient de trouver le courage de voir et de vivre sa propre vérité. »

Aide apportée :

- Projets artistiques
- Beauté, séduction et produits de beauté
- Célébrations, musique, réjouissances et danse
- Enfants – conception, grossesse et éducation
- Prise de décision
- Découverte de l'âme sœur

INVOCATION

Comme Hathor adore la danse et la musique, faites jouer de la musique et mettez-vous à bouger ou à danser lorsque vous l'invoquerez :

« Chère Hathor, je te confie une décision, à toi, à mon moi supérieur et au Créateur, et je vous laisse le champ libre. Merci de m'aider à prendre la meilleure décision possible dans le meilleur intérêt de toutes les personnes concernées. Je te demande de m'aider à entendre clairement la décision dans mon esprit et dans mon cœur et de me donner le courage et l'énergie de suivre tes précieux conseils. »

Horus

(Égypte, Grèce)

Également appelé Har, Harendotes, Harmakhet, Haroeris, Har-pa-Neb-Taui, Harseisis, Harpokrates, Hor,
Horos, Ra-Harakhte.

Puissant dieu du ciel et du Soleil, Horus porte une tête de faucon qui représente la force et la victoire. Son père, Osiris, a été tué par son oncle, Seth. Sa mère, Isis, a ensuite ramené Osiris à la vie juste assez longtemps pour concevoir Horus. Puis Seth a tué Osiris de nouveau et démembré son corps pour qu'il ne puisse être ressuscité. Pour protéger Horus de la furie meurtrière de Seth, Isis s'est réfugiée dans les marais de papyrus de Bouto, où elle a donné naissance à son fils et l'a élevé. Elle s'est servie des pouvoirs magiques qu'elle avait appris de Rê et de Thot pour garder Horus en sécurité.

Quand Horus est devenu un jeune homme, il a affronté Seth pour venger la mort de son père mais, au cours de la bataille, il s'est blessé à l'œil. Plus tard, Horus a fini par conquérir le trône de la Haute et de la Basse Égypte. Par la suite, il est devenu le symbole de la force, de la victoire et de la justice. Chaque pharaon de l'ancienne Égypte était considéré comme une incarnation d'Horus.

Horus a une tête de faucon dotée d'un œil volumineux (celui qui n'a pas été blessé au combat) représentant le troisième œil de la clairvoyance. Cet œil qui voit tout nous aide aussi à voir la vérité en toutes situations.

À l'occasion de mes communications avec Horus (qui a été l'un de mes guides pendant un certain temps), j'ai pu constater qu'il est avant tout un homme d'action, avare de paroles. Il place son œil de faucon devant votre troisième œil, telle une lentille, pour vous donner une vision et une compréhension psychiques plus claires de toute situation qui vous préoccupe. Il vous aide à voir la vérité sur les choses et à comprendre comment vous pouvez remédier à un problème.

La formule magique de guérison d'Horus consiste à voir toutes les personnes concernées par une situation donnée avec les yeux de l'amour. Il les voit comme des personnes douces, aimantes et pures... ce qu'elles sont réellement du point de vue spirituel.

Aide apportée :

- Clairvoyance
- Courage
- Relations mère-fils
- Capacité de dire ce qu'on pense
- Force
- Vision – physique et psychique

INVOCATION

Faites appel à Horus pour qu'il vous apporte de l'aide en matière de vision spirituelle ou physique. Vous pouvez l'invoquer avec les yeux ouverts ou fermés. Vous éprouverez probablement des picotements à la tête, en particulier autour des yeux et entre les sourcils lorsque vous prononcerez l'invocation qui suit :

« Cher Horus, prête-moi ton œil pour que je puisse voir les choses clairement. Je te demande d'intervenir dans ma vision à tous égards. Ouvre pleinement mon troisième œil pour que je puisse voir aussi bien que toi dans la sphère spirituelle ! Ouvre ma vision physique pour que je puisse voir aussi clairement que toi ! Ouvre l'œil de mon âme complètement pour que je puisse, comme toi, voir la dimension intérieure ! Merci de me donner une vision claire. Merci de me libérer complètement de la peur. Merci de m'ouvrir les yeux complètement, pour que je puisse m'abreuver aux délicieuses visions de la vérité et de la beauté. »

Ida-Ten

(Japon)

Également appelée Idaten.

Ida-Ten est le dieu japonais de la loi, de la vérité, de la pureté, des victoires juridiques et de la justice.

Protecteur des monastères, il se déplace à une vitesse miraculeuse. Dans sa forme mortelle, il était un séduisant jeune général chargé de protéger les moines bouddhistes et le bouddhisme lui-même. Ida-Ten peut apporter une protection contre la persécution religieuse ou vous aider à éviter d'être tourné en ridicule en ce qui a trait à vos croyances spirituelles.

Aussi discrète qu'une souris, cette déité aux manières délicates vous prodiguera à voix basse, à l'oreille, de puissants conseils sur la meilleure façon de procéder et de manœuvrer dans le cadre d'un conflit d'ordre juridique. Doté d'un très grand sens de l'éthique, Ida-Ten n'en dit pas moins :

« Je considère les poursuites judiciaires comme une forme de sport où le champion doit faire preuve d'une intelligence supérieure afin de surpasser ses adversaires, comme dans une partie d'échecs. »

Aide apportée :

- Justice
- Issue victorieuse des poursuites judiciaires

- Protection contre les persécutions religieuses ou spirituelles
- Protection des centres spirituels
- Questions liées à l'expression de la vérité

INVOCATION

Vous pouvez communiquer avec Ida-Ten à la fin d'une séance de méditation pour terminer sur une note positive. Dites ces paroles mentalement :

« Précieux Ida-Ten, force bienveillante et protectrice venue d'en haut, je te demande d'envelopper dès maintenant mon projet spirituel. Préserve-moi de toute forme de peur pour que je ne fasse pas l'objet d'actions ou de mots cruels. Empêche-moi de passer des jugements, quels qu'ils soient, et aide-moi à dire la vérité tout en évitant la controverse. La paix est mon réel désir, Ida-Ten. Merci. »

Ishtar

(Assyrie, Babylone, Mésopotamie)

Également appelée Absus, Inanna.

Mère babylonienne et déesse guerrière possédant une multitude de traits uniques allant de la douceur à l'instinct de protection maternelle, Ishtar est aussi invoquée pour favoriser la guérison des douleurs physiques et des maladies.

Elle est associée à Vénus et certains la considèrent même comme l'incarnation de la planète elle-même. Ishtar manifeste ouvertement sa sensualité et c'est probablement la raison pour laquelle certains fondamentalistes l'ont jugée et rejetée.

Quand j'ai invoqué Ishtar, j'ai eu une vision extralucide : Je me tenais debout pendant qu'une multitude de fourmis grouillaient à mes pieds. Ishtar m'a montré que les énergies et les pensées inférieures sont similaires à une colonie de fourmis ou d'autres insectes fourmillant sur le sol – elles peuvent nous déconcentrer et nous irriter si elles décident de nous monter sur les pieds, mais elles demeurent en bout de ligne inoffensives.

Elle a ensuite projeté d'en haut un faisceau de lumière qui formait un cercle autour de moi et c'était comme si j'avais été debout dans une douche de lumière étincelante. Les fourmis ne pouvaient pénétrer dans le cercle de lumière et ne cherchaient pas à le faire non plus. Elles se rendaient jusqu'à la lumière, puis reculaient comme si elles s'étaient frappées contre un mur de verre.

Ishtar a dit :

« Accordez-moi le plaisir et l'honneur de vous draper de cette robe de lumière, ma chère. Je suis à votre service et sachez que cela ne diminue en rien ma capacité de rendre humblement service. Je sais que la plus noble des professions consiste à projeter des faisceaux de lumière afin de repousser les ombres et d'illuminer la sagesse divine la plus élevée. Ne vous y trompez pas. Je suis ici pour apaiser et éliminer la douleur, la souffrance et la tristesse avec mes pouvoirs de protection. Permettez-moi de vous protéger avec mes barrières de lumière, qui ne laissent passer que les rayons de l'amour et qui bloquent la négativité sous toutes ses formes. Un nouveau jour plein de lumière positive s'ouvre à vous, maintenant que vous êtes enveloppée dans ma robe de lumière bienveillante. Abreuvez-vous-en, ma chère. Désaltérez votre âme assoiffée à l'abri de la peur. »

Aide apportée :

- Conception et éducation des enfants
- Compassion
- Tous les types de guérison
- Douceur
- Relations amoureuses et mariage
- Protection contre les énergies inférieures
- Sexualité
- Prévention et résolution des guerres
- Climat

INVOCATION

Quand vous vous adressez à Ishtar, allumez une bougie blanche et regardez fixement la flamme, ou fixez toute autre source de lumière. Voici une invocation particulièrement efficace si vous venez de traverser une situation difficile dont vous souhaitez faire disparaître les séquelles :

« Divine Ishtar, je suis debout avec toi au milieu d'une abondance de lumière pure. Merci de m'envelopper de cette lumière et de m'immerger dans l'énergie de l'amour. J'ai soif de cet amour, désaltère-moi à l'instant. Efface tous les effets de la peur et préserve-moi complètement des pensées empreintes de peur en provenance des autres. Libère-moi, libère-moi, libère-moi. Interviens auprès des autres personnes en cause dans cette situation et lave-moi de tout ressentiment. Je suis maintenant libre et toutes les personnes en cause le sont également. C'est la vérité. Merci, Ishtar. »

Isis

(Égypte)

Également appelée mère divine, déesse des mystères, déesse de la nature, Isis Myrionymos, la magicienne, déesse de la sexualité sacrée, maîtresse de la sagesse hermétique.

Isis est une déesse égyptienne de la Lune qui est très polyvalente ; elle incarne la féminité, la maternité, la magie, la guérison et le pouvoir. Après avoir épousé son frère Osiris, elle se lance dans une carrière consistant à enseigner aux femmes d'Égypte les rudiments de la vie domestique. Or, pendant l'une de ses absences, son autre frère, Seth, assassine Osiris. Lorsqu'elle découvre le crime, Isis aide à ressusciter son mari d'entre les morts et ils conçoivent ensemble un fils, Horus.

Les chercheurs égyptiens considèrent Isis comme la grande prêtresse originelle de la magie. Selon la légende, Isis aurait forcé Rê à lui révéler son nom secret. Lorsqu'elle a entendu ce nom, Isis a eu le privilège d'acquérir une compréhension totale des principes de la haute magie (Thot, dieu de la haute magie, l'a ensuite aidée à raffiner et à approfondir ses connaissances). On dit qu'Isis utilisait un bâton magique pour ses guérisons et ses manifestations et employait des hochets pour éliminer les énergies négatives et les esprits inférieurs.

Isis est considérée comme une reine de l'au-delà car elle a ressuscité son défunt mari et aussi en raison de son travail consistant à escorter les morts dans l'au-delà. Ses ailes protectrices ornent les sarcophages égyptiens car elles symbolisent sa capacité de renouveler l'âme des morts. Lorsque j'ai fait appel à Isis, je l'ai entendue me dire : « *Je suis Isis, reine égyptienne du Nil !* » Je l'ai alors aperçue : une femme d'une grande beauté enveloppée d'un châle constitué de larges ailes d'oiseau déployées comme celles d'un aigle majestueux. Elle était très féminine, élancée et élégante – la classe par excellence. Constamment aux aguets, elle surveillait tout avec un regard d'aigle. Je pouvais déceler chez elle un côté abrupt et le tempérament d'une personne qui aime aller droit au but, manifestations de ses formidables qualités de leadership. Elle m'a dit :

> « *Faites preuve de patience envers vous-mêmes* [elle voulait dire tout le monde, elle parlait de façon universelle] *pendant que vous en êtes encore à grandir et à apprendre. Multipliez les remerciements à votre égard pour chaque petit pas que vous accomplissez. Même s'ils peuvent vous sembler insignifiants, ils représentent des étapes marquantes pour votre être intérieur. Célébrez chaque pas. Si vous savez apprécier chacune des tâches que vous menez à bien, chaque acte de générosité que vous posez, chaque chose – même s'ils vous semblent sans importance –, la vie ne tardera pas à devenir pour vous une grandiose célébration. C'est l'antithèse de la séparation du divin et c'est votre élixir magique pour les siècles à venir.* »

Une merveilleuse amie à moi, Insiah Beckham, a vécu une expérience marquante avec Isis au cours d'un voyage en Égypte, en 1999. Depuis, elle travaille activement avec Isis. Voici ce qu'elle m'a raconté :

> « En Égypte, près du temple d'Isis, j'ai eu la sensation de ne faire qu'un avec toute vie. Je pouvais entendre la terre, les cailloux, l'herbe, le Nil, les arbres ; tout ce qui m'entourait me parlait. J'ai entendu de merveilleuses voix me dire : "Bienvenue chez toi ! Bienvenue chez toi ! Tu es revenue chez toi. C'est ici que tu as vécu il y a de

très, très nombreuses vies !" Un message m'a alors été transmis, qui m'a permis de comprendre qui j'étais et de commencer mon travail. J'ai alors su que j'avais incorporé l'énergie de la déesse Isis, laissée derrière moi lors de ma dernière incarnation terrestre. L'énergie d'Isis est celle de la mère divine – l'énergie bienveillante et nourrissante qui caractérise toutes les mères divines. Je crois qu'elles forment toutes ensemble un même tout et qu'elles se réincarnent en différentes formes et dans différentes cultures, d'une époque à l'autre. Ainsi, il m'arrive parfois d'éprouver un grand sentiment d'expansivité, lorsque mon cœur et mon champ énergétique s'ouvrent totalement pour accueillir toute vie avec amour et compassion. Tous les jours, je prie pour l'amour, la paix, la compréhension, le respect pour toutes les cultures, races et religions et pour toute vie. J'abhorre toute forme de désaccord, qui désynchronise complètement mon champ énergétique. »

Aide apportée :

- Magie divine
- Force, beauté et pouvoir féminins
- Joie
- Estime de soi

INVOCATION

Imaginez Isis debout derrière vous avec ses ailes d'aigle déployées, comme si vous aviez vous-même des ailes. À mesure que vous respirez, sentez son pouvoir pénétrer à l'intérieur de vous. Remarquez l'énergie bienveillante et gracieuse qui émane de sa force. Prenez conscience du sentiment de béatitude et de paix qui vous habite en prononçant les paroles suivantes :

« Merveilleuse Isis, déesse du pouvoir pacifique, je te demande de m'empreindre de ta gracieuse force et de ta bienveillante confiance. Aide-moi à devenir comme toi : raffinée, calme, confiante et bienveillante. Aide-moi à prendre mon envol comme un aigle dans tous les domaines de ma vie ainsi qu'à inspirer et à aider les autres par mon vol à haute altitude. Merci. »

Iseult

(Pays celtiques)

Également appelée Esyllt, Isolde, Isolt, Ysolt, Ysonde.

Déesse de l'amour et de la passion au sein des relations, Iseult contribue à améliorer la satisfaction sexuelle en plus d'aider à la découverte de l'âme sœur. La princesse Iseult était la fille d'un roi irlandais qui régnait à la même époque que le roi Arthur de Camelot. Les nombreuses légendes contradictoires sur ses amours passionnées et tragiques avec Tristan, prince de Cornwall, ont fait d'Iseult une déesse particulièrement prisée des personnes qui se languissent d'amour.

J'ai invoqué la présence d'Iseult un matin brumeux, alors que j'étais assise sur la coque d'un bateau renversé qui avait été transformé en temple, bien haut sur les falaises surplombant la mer d'Irlande. Avant que les esprits acceptent de me parler ce matin-là, des fées m'ont demandé d'aller enlever des déchets que certains visiteurs avaient laissé traîner sur la grève. Une fois cette tâche accomplie, elles ont ouvert le canal pour que je puisse recevoir mes transmissions.

J'ai alors appelé Iseult, déesse de la passion et de la sexualité. On m'avait dit qu'elle était hors d'atteinte, se trouvant « à une fréquence très élevée ». Comme j'ai tout de même continué à l'invoquer, j'ai eu la vision d'un arc-en-ciel dont la courbe inférieure projetait des éclairs. « *Iseult est un rayon* », m'a-t-on alors dit, une énergie céleste empreinte d'un amour profond, réel, ludique et englobant. « *Saupoudrez-le en toute occasion comme du sucre* », m'a-t-on dit à la blague. Bien plus qu'une déesse héroïque, Iseult est un faisceau d'énergie qui s'intensifie aussitôt qu'on entre en contact avec lui. On m'a dit que nous pouvions l'utiliser pour améliorer notre vie amoureuse chaque fois et aussi souvent que possible. Cette énergie, qui possède une grande force d'attraction, a un pouvoir de guérison ainsi que des effets aphrodisiaques.

Aide apportée :

- Guérison à la suite de ruptures, de séparations et de divorces
- Ranimation de la passion
- Capacité d'attirer à soi l'amour romantique

INVOCATION

Placez la main sur votre poitrine et sentez votre cœur battre. Imaginez que des rayons d'énergie aux couleurs de l'arc-en-ciel émanent de votre main et enveloppent votre cœur. Puis invoquez Iseult :

« Bienveillante Iseult, je te prie de m'envoyer l'énergie d'une passion faite d'un amour sain et romantique en la faisant passer par ma main et rejoindre mon cœur. Merci de guérir tout ce qui risque de m'empêcher de jouir complètement de la passion et des rapports romantiques. Merci d'ouvrir mon cœur à l'amour véritable. »

174

Jésus

(Judéo-christianisme)

Aussi appelé Jeshua, Seigneur et Sauveur,
Seigneur Jésus, Christ, Sananda.

Ce que nous savons de Jésus de Nazareth nous vient des cinq Évangiles et des lettres de Paul dans le Nouveau Testament. Étant donné que les Évangiles ont été écrits au moins 70 ans après la mort physique de Jésus, il est évident qu'aucun de leurs auteurs n'avait rencontré l'homme durant son passage sur Terre. Leurs écrits, par conséquent, s'appuient sur de l'information de seconde main (et même plus lointaine) transmise au fil du temps. Aucun des historiens ayant vécu à l'époque de l'existence terrestre de Jésus ne l'a mentionné dans leurs écrits portant sur cette période. Cependant, il est impossible de nier l'impact qu'a eu cet homme sur l'humanité jusqu'à maintenant. Du calendrier grégorien aux institutions religieuses, en passant par les guerres et les guérisons spirituelles, une multitude de choses s'inspirent d'une façon ou d'une autre de sa vie.

De nombreuses personnes affirment avoir eu des apparitions de Jésus, souvent suivies de guérisons miraculeuses. Mes livres *Angel Visions* et *Angel Visions II* contiennent plusieurs histoires portant sur les mystérieux pouvoirs de Jésus. Il existe aussi des témoignages de personnes qui ont prié Jésus pour qu'il intervienne… et qui ont par la suite été témoins d'un miracle qu'elles savaient être le résultat de leurs prières. D'autres personnes affirment sentir parfois la présence de Jésus près d'elles ou en elles, et en éprouver un sentiment d'amour et de réconfort profonds.

Bien des gens ont étudié l'approche de Jésus en matière de guérison de maladies et, après avoir appliqué ces principes, ont obtenu d'impressionnants résultats. Nombre d'Églises chrétiennes ou de la nouvelle pensée s'inspirent amplement des enseignements de Jésus sur l'amour et le pardon et font la promotion de ces méthodes comme moyens de guérir les maux personnels et universels.

Il existe une croyance fort répandue selon laquelle Jésus veille sur le monde entier et sur ses habitants afin de s'assurer qu'il n'arrive aucun mal à qui que ce soit. Dans les cercles du nouvel âge, on considère Jésus comme le chef de la Grande fraternité blanche, un groupe de grands enseignants et guérisseurs spirituels qui veillent à la renaissance spirituelle de la planète.

Pendant toute ma vie, j'ai connu avec Jésus des expériences d'une grande ampleur. J'invoque sa présence avant chacune de mes séances de guérison et je l'ai toujours considéré comme le plus grand guérisseur parmi tous mes amis du monde des esprits. Sa puissance est aussi grande auprès des gens et des divinités de toutes les tendances, religieuses ou non, et il dégage un amour inconditionnel capable de guérir toute personne envahie par la culpabilité, la peur et la rancune.

Aide apportée :

- Communication claire avec Dieu
- Conseils et orientation divins
- Questions liées à la foi
- Pardon
- Guérisons en tous genres
- Manifestation
- Miracles

INVOCATION

Imaginez que Jésus est debout en face de vous. En partant de votre cœur, envoyez-lui autant d'amour que vous pouvez en éprouver et en imaginer. Remarquez ensuite ce qui se passe. Cet amour vous reviendra, magnifié au centuple. Continuez d'envoyer et de recevoir cet amour en portant attention à votre respiration afin d'inhaler pleinement toute cette énergie de guérison.

En même temps, faites mentalement part à Jésus de toutes les choses qui vous tracassent, qu'elles soient mineures ou majeures. Videz-vous le cœur et révélez vos secrets les plus profonds – Jésus est absolument digne de confiance et fera toujours un usage positif de cette information. Puis, demandez-lui d'intervenir et de vous donner des conseils sur la façon de remédier à la situation. Ne lui dites pas comment vous voudriez qu'elle se règle ; sachez simplement qu'elle est entre ses mains bienveillantes et qu'il travaillera directement avec Dieu le père pour en arriver à une résolution avantageuse pour toutes les personnes concernées. Enfin, dites-lui merci du fond du cœur, puis laissez aller le tout.

Kali

(Hindouisme, Inde)

Également appelée mère noire, Kali-ma, Raksha-Kali.

D ivinité hindoue, Kali est un aspect de Devi, déesse de toutes les déesses. Kali est la déesse de la fin des cycles, l'énergie de mort et de transformation qui remplace ce qui est ancien par ce qui est nouveau. Certaines personnes se sentent menacées par les pouvoirs en apparence destructeurs de Kali ; toutefois, Kali est en réalité une énergie pleine de bienveillance qui nous aide à nous libérer de la peur. Elle ne détruit que ce qui risque de nous réduire en esclavage, de ralentir ou de dévoyer notre mission divine, comme une mère aimante qui éloigne de son enfant les objets ou les jouets qui présentent un danger.

Kali possède une forte personnalité, celle d'une femme regorgeant d'énergie et chargée à bloc qui poursuit une mission claire. Elle a le tempérament impatient d'une artiste ou d'une mère d'enfant-vedette qui sait ce qu'il faut faire et qui n'a pas le temps de discuter. Elle a dit :

« *Mes passions intimident bien des gens, qui me voient comme une tempête de furie aux reflets d'argent. Je me suis fait traiter d'imprévisible, de capricieuse et de colérique. Oui, ma passion est parfois tranchante, car elle constitue une véritable décharge de franchise. Je dis : Si vous n'êtes pas en mesure de m'aider ou de me laisser vous aider, alors faites-moi au moins le plaisir de vous ôter de mon chemin. Lorsque vous invoquez ma présence, préparez-vous à ce qu'il y ait de l'action. Il se peut que vous ayez l'impression que je vous pousse avec trop d'insistance et que vous en éprouviez un sentiment d'insécurité, mais je vous assure que je ne fais que vous aider à franchir les portes qui s'ouvrent devant nous, êtres de lumière. Nous avons beaucoup de temps à rattraper* [en ce qui a trait à notre mission], *et toute tergiversation ne fera que nuire à nos plans. Évitez de remettre les choses à plus tard, de retarder ou de craindre le changement qui accompagne toujours l'action et le progrès. N'ayez pas peur de prendre la mauvaise décision, mais craignez plutôt de vivre dans l'indécision. Moi, Kali, je suis à la fois extrêmement résolue, pleine d'une passion débordante et entièrement préoccupée par de nombreuses causes.* »

Kali m'a dit avoir été traitée à l'occasion, comme bien d'autres femmes, de « chienne » pour avoir manifesté son pouvoir ou tout simplement fait preuve de caractère.

Aide apportée :

- Courage
- Détermination
- Direction
- Concentration
- Motivation
- Protection
- Ténacité

INVOCATION

Kali vient à vous immédiatement si vous pensez à son nom : « Kali, Kali, Kali. » Elle arrive comme une tempête soudaine et intense, avec élan et détermination. Elle excelle à mettre le doigt sur le problème dans chaque situation qu'on lui présente. Alors, par exemple, si vous lui dites avoir besoin d'aide dans votre vie amoureuse, Kali sera en mesure de cerner les problèmes de fond qui affligent votre relation. Elle vous donnera des conseils très clairs et très directs, sans mâcher ses mots.

Krishna

(Hindouisme, Inde)

Également appelée le Divin.

L a trinité hindoue comprend Brahma, Shiva et Vishnou, trois dieux qui créent, protègent et régissent les cycles de la vie sur Terre. Le dieu Vishnou s'incarne chaque fois que sa présence physique est nécessaire pour mettre un frein à des pratiques inhumaines. Krishna est la huitième incarnation (également appelée avatar) de Vishnou.

Krishna s'est incarné à minuit le huitième jour de la saison de bhadrapada (mot hindou voulant dire « fin de l'été »), quelque part entre 3200 et 3100 av. J.-C. C'est lui qui a livré à l'humanité les écrits spirituels hindous, réunis dans la *Bhagavad-Gita*. De nos jours, Krishna fait partie des déités les plus populaires de l'Inde.

Dans la légende, Krishna est représenté comme une figure romantique et de nombreuses peintures nous le montrent aux côtés de sa compagne Radha (l'une des incarnations de la déesse Lakshmi), tous deux enlacés en une merveilleuse étreinte amoureuse. Certains experts en *feng shui** recommandent de placer une photo de Krishna et de Radha dans la partie de votre demeure réservée à la chose romantique pour favoriser la manifestation de l'amour dans votre vie.

Krishna apporte avec lui joie et bonheur. Lorsque vous ferez appel à lui, vous sentirez sûrement votre cœur et votre ventre s'emplir d'une énergie chaleureuse et bienveillante. Il a dit :

« Ne sous-estimez jamais le pouvoir de guérison de l'amour. Sa profondeur est plus grande que l'étendue de tous les océans et il n'existe aucun obstacle qu'il ne puisse surmonter. Utilisez ce pouvoir infini dans votre esprit, sans aucune retenue, car il constitue une ressource constamment renouvelable à laquelle vous pouvez puiser encore et encore. Versez de l'amour sur toutes les situations et vous en récolterez moult récompenses ! »

Aide apportée :

- Bénédictions
- Purification et spiritualisation de la nourriture
- Jardinage, récoltes et fleurs
- Joie
- Relations
- Amour romantique
- Éveil spirituel
- Végétarisme

INVOCATION

Krishna adore communiquer avec les gens par l'entremise du partage et de la bénédiction de la nourriture. Avant de manger, regardez votre nourriture et invoquez Krishna mentalement. Dites-lui que cette nourriture est une offrande que vous lui faites. En acceptant votre présent, il bénira et purifiera les aliments en utilisant son énergie hautement spirituelle. Remerciez-le, puis ingérez complètement ses bénédictions en mangeant lentement et en jouissant complètement de chaque bouchée. Entreprenez une conversation mentale avec lui en même temps que vous savourez votre plat. Vous aurez l'impression d'être en train de discuter, autour d'un bon repas, avec un très sage compagnon vous faisant profiter de sa sagesse infinie et de ses précieux conseils.

* Pour ceux et celles d'entre vous qui ne connaîtraient pas le *feng shui*, il s'agit d'un art chinois ancien de l'aménagement de l'espace. Selon les principes du *feng shui*, il faut placer certains objets à certains endroits de son domicile afin d'obtenir certains effets. Par exemple, si vous souhaitez trouver l'âme sœur, vous devez placer des objets qui symbolisent l'amour dans le « coin romantique » de votre foyer – habituellement la partie droite de la maison. Pour de plus amples renseignements, veuillez consulter le livre de Terah Kathryn Collins intitulé *The Western Guide to Feng Shui* (Hay House, 1996).

Kuan Ti

(Chine)

Également appelé Kuan Jung, Kuan Yu.

Kuan Ti est un dieu guerrier chinois dont le rôle consiste à prévenir la guerre. C'est un prophète qui prédit l'avenir et qui protège les gens des esprits inférieurs.

Dans son incarnation humaine, Kuan Ti était un héros de guerre chinois et un général de la dynastie des Han reconnu pour ses talents de guerrier et l'intelligence de ses décisions. À sa mort, il a été élevé au statut de dieu. Il travaille main dans la main avec l'archange Michael sur les questions de justice à l'intérieur des structures gouvernementales. Il a dit :

> « *Les hommes qui occupent des postes de pouvoir jouent à un jeu dangereux avec tous ces croisements de sabres. Si cette tension ne s'apaise pas, la situation va se retourner contre eux et mener à des guerres aux proportions dangereuses. Ils jouent au jeu du pouvoir, mais ce jeu peut avoir des effets des plus explosifs. La population doit intervenir et exiger l'emploi de méthodes pacifiques en lieu et place de ces dangereux stratagèmes visant à obtenir domination et suprématie. J'interviendrai conjointement avec vous et nous remplacerons nos leaders pétris de peur par des dirigeants dont les méthodes seront empreintes de*

sagesse et de compréhension. C'est le seul moyen qui vaille. »

Assise sur le toit d'une volière, en Chine, j'ai demandé mentalement à Kuan Ti des conseils sur la façon d'éviter les guerres et d'arriver à la paix mondiale. Il m'a répondu ce qui suit avec force :

« En ce moment, nous avons besoin de soldats de la sphère intérieure – des soldats qui s'adresseront en des termes spirituels à leur commandant intérieur et qui exécuteront les ordres de ce commandant sans se soucier des critiques et des réprimandes en provenance du monde extérieur. La seule figure d'autorité à laquelle vous devez obéir est le grand général qui se trouve à l'intérieur de vous. Dans ces circonstances, la vérité l'emportera et la paix sera de nouveau possible sur cette planète. »

Aide apportée :

- Justice et liberté pour les prisonniers injustement détenus et les prisonniers de guerre
- Questions d'ordre juridique
- Prophéties sur des événements mondiaux
- Augmentation de la force et de la précision des capacités psychiques
- Dégagement de l'espace
- Libération de l'esprit
- Prévention et arrêt des guerres

INVOCATION

Faites appel à Kuan Ti si l'état du monde vous préoccupe, en particulier dans les régions en guerre. Prononcez mentalement les paroles suivantes :

« Kuan Ti, je fais appel à ton intervention, à ta sagesse et à tes conseils au sujet de [décrivez la situation]. Merci d'intervenir et d'amener une résolution pacifique de cette situation en faisant régner sagesse et compréhension. Merci d'aider et de conseiller les leaders concernés et de les inciter à utiliser leurs pouvoirs avec sagesse, dans le meilleur intérêt de tous et de toutes. »

Kuan Yin

(Asie)

Également appelée Kwan Yin, Quan Yin, Guanyin, Quan'Am, Kannon, Kanin, Kwannon.

Kuan Yin est l'une des divinités orientales les plus aimées et les plus populaires. D'une grande beauté physique et spirituelle, elle est la déesse chinoise de la merci, de la compassion et de la protection ; son nom signifie « celle qui entend les prières ». Et c'est vrai, Kuan Yin entend toutes les prières qui lui sont adressées et donne suite à chacune d'entre elles.

Kuan Yin est à la fois une déesse et un *bodhisattva*, ce qui veut dire « être illuminé ». Les bodhisattvas peuvent devenir des bouddhas ; toutefois, Kuan Yin éprouve un amour si profond pour l'humanité qu'après avoir atteint l'illumination, au lieu de s'élever au statut de bouddha, elle a choisi de garder sa forme humaine jusqu'à ce que chacun d'entre nous arrive à l'illumination. Elle tient à nous aider à déployer pleinement nos talents spirituels, à acquérir de profondes connaissances et à atteindre l'illumination, en plus de contribuer à apaiser, à nos côtés, la souffrance du monde. On dit que la simple mention de son nom procure une protection face au danger.

Kuan Yin est souvent appelée la « mère Marie de l'Orient » parce qu'elle représente la divinité féminine et l'énergie de la déesse au sein de la religion bouddhiste, de la même façon que Marie constitue, pour la chrétienté, la personnification par excellence d'une féminité douce et bienveillante. Kuan Yin nous enseigne à vivre sans faire de mal aux autres et à faire tout notre possible pour réduire les souffrances du monde et ne les aggraver en aucune façon. Quand elle est dans les environs, il se peut que vous aperceviez du rouge, notamment sous la forme d'étincelles de lumière rouge ou d'une brume rouge surgissant de nulle part.

Une femme du nom de Mary Urssing m'a raconté cette merveilleuse histoire sur ses interactions avec Kuan Yin :

« J'étais à Hawaii et je venais juste de m'acheter un pendentif en cristal représentant Kuan Yin. Immédiatement après avoir enfilé le collier, j'ai commencé d'entendre Kuan Yin me parler d'une voix douce et réconfortante aux accents asiatiques. Le dernier matin de mon séjour, j'ai été éveillée par la voix de Kuan Yin qui me demandait de sortir à l'extérieur pour faire une promenade. Je me suis alors assise sur le porche, mais la voix m'a pressée de marcher. Je me suis exécutée, en emportant mon casque d'écoute ainsi qu'une enregistreuse portative pour pouvoir écouter de la merveilleuse musique hawaïenne. J'ai ensuite remarqué sur le sol une fleur de plumeria de couleur rose, ce qui, à mes yeux, symbolisait l'amour. Normalement, j'aurais immédiatement cueilli cette fleur pour en orner ma chevelure, mais les choses étaient différentes ce jour-là je me suis bornée à tenir la fleur entre mes doigts. À l'approche d'une cascade, j'ai entendu Kuan Yin me dire que j'étais sur le point de vivre une expérience initiatique de passion de soi qui surpasserait de loin l'amour de soi. Il s'agissait d'un moment sacré et j'avais la certitude d'être sur le point de prononcer un vœu dont l'intensité dépasserait tout ce que j'avais vécu auparavant. J'ai accepté de m'y abandonner et on m'a dit de me tenir à l'intérieur de la cascade dans une caverne naturelle, une sorte de cocon. J'allais bientôt être, sentir et connaître l'amour de soi. Peu après, j'ai éprouvé cette sensation dans tout mon être et ce moment crucial est désormais inscrit à jamais dans les profondeurs de moi-même. Même si j'essaie de toutes mes forces de traduire cette expérience en mots, je n'arrive pas à rendre justice à cette cérémonie intensément personnelle. En même temps que je m'imprégnais de cette énergie, on m'a demandé de marquer la cérémonie du symbole que j'avais, sans le savoir, choisi pour ce moment – la fleur de plumeria. Quand j'ai lancé la fleur dans la cascade en guise de rituel, je l'ai regardée s'enfoncer progressivement sous les flots et j'ai vu l'eau environnante devenir d'un rouge profond et enivrant. Oui, j'ai réellement vu l'eau virer au rouge ! Tout ça m'a instantanément changée et j'ai su alors qu'il était temps pour moi de me faire honneur ainsi qu'à mon pouvoir. Plus tard cette même journée, j'ai dit que je venais de vivre une expérience des plus incroyables dans une cascade à mon amie Marlies, qui m'a demandé s'il s'agissait de la cascade de Kuan Yin. Surprise par cette question, je l'ai priée de m'en dire davantage à ce sujet. Elle m'a alors expliqué qu'il y avait une statue de Kuan Yin dans l'une des cascades de l'île. Comme de fait, quand je suis allée en reconnaissance par la suite, j'ai effectivement aperçu une superbe statue de Kuan Yin trônant sur une pierre, dans le fond de la caverne où j'avais pénétré quelques heures auparavant. Elle m'avait fait venir dans son sanctuaire ! »

À Kona, à Hawaii, on trouve un grand nombre de merveilleuses statues de Kuan Yin. Près de l'une d'entre elles la représentant avec une fleur de lotus à la main, elle m'a parlé en ces termes :

« Voici mes instructions sacrées : Premièrement, faites preuve de clémence envers vous-mêmes. Vous avez subi bien des épreuves dans vos contrées et il vous reste une

multitude de leçons à apprendre. Le nirvana *ne se révèle qu'à force de douceur. Tendez vers la grandeur, mais toujours avec une approche délicate. Ne provoquez pas les occasions, mais laissez-les venir doucement à vous comme une fleur de lotus flottant sur les flots, poussée par une douce brise. Faites votre possible, mais sans vous presser, et prenez plaisir au processus qui vous mène vers le but. Sachez que chaque pas que vous accomplissez s'apparente à une fête à une célébration du mouvement, ce qui constitue en soi un miracle. Appréciez l'aspect divin qui est en vous, en chacun de vous. Ne vous blâmez pas pour vos erreurs, mais riez, grandissez et tirez-en plutôt des leçons. Vous, ma douce enfant, êtes sur la bonne voie – en fait tout va extrêmement bien pour vous. Si j'avais à vous transmettre une perle de sagesse, je prononcerais simplement ce mot qui, pour moi, incarne le mieux l'amour sur votre plan terrestre : compassion. Évoluez au-delà de la honte et de l'embarras pour aller de plus en plus vers l'appréciation, non seulement de vos points "forts" et de ceux des autres, mais de tout ce qui fait partie du processus. Tout cela est bon, croyez-moi, et si vous pouvez saisir cette vérité éternelle le plus rapidement possible le bonheur se mettra à galoper vers vous à la vitesse d'un mustang aux sabots ailés. Croyez-le, ceci est la vérité. Maintenant. Pour atteindre la sagesse, il suffit de s'asseoir tranquillement et d'écouter et non de se précipiter tête première. Un cœur immobile est plus réceptif à l'amour et à l'information qu'un cœur pressé. Aujourd'hui, faites un geste simple : Cueillez une fleur et observez-la, sans intention aucune. Soyez comme un espace vierge, ouvert, et sachez que tout ce qui viendra vers vous est bon et constitue une leçon potentielle pour toujours et à jamais. »*

Aide apportée :

- Clairvoyance
- Compassion
- Grâce, beauté et pouvoir féminins
- Gentillesse, délicatesse et douceur envers soi-même et les autres
- Réception et don d'amour
- Clémence
- Acquisition d'aptitudes musicales (en particulier le chant)
- Protection – en particulier des femmes et des enfants
- Illumination spirituelle et présents

INVOCATION

Kuan Yin entend toujours les prières et y répond systématiquement. Aucun rituel particulier n'est nécessaire pour communiquer avec elle. Toutefois, il se peut que vous puissiez créer avec elle un lien partant davantage du cœur si vous utilisez des fleurs. Par exemple, vous pouvez tenir une petite branche fleurie, regarder une plante ou un bouquet, ou encore dessiner des fleurs ou regarder une image représentant des fleurs. Les personnes qui travaillent étroitement avec Kuan Yin entonnent souvent le mantra suivant : *Om Mani Padme hum*, qui signifie « Saluons le joyau enfoui dans la fleur de lotus ».

Voici une prière qui vous aidera à invoquer Kuan Yin :

« Kuan Yin bien-aimée, je te demande d'entendre les prières qui jaillissent de mon cœur. Je t'en prie, découvre et comprends en quoi consistent mes besoins réels. Je te demande d'intervenir dans les domaines de ma vie qui me causent de la douleur. Je te demande de me venir en aide et de me guider pour que je puisse voir ma situation sous un éclairage nouveau, empreint d'amour et de compassion. S'il te plaît, aide-moi à devenir comme toi et à vivre une existence paisible et pleine de sens. »

Kuthumi

(Religion sikh, théosophie, nouvel âge)

Également appelé Mahatma Kuthumi mal Singh,
Koot Hoomi, Sirdar Thakar Singh Sadhanwalia, K.H.

Selon les chercheurs en théosophie (notamment l'auteur K. Paul Johnson), Kuthumi est le pseudonyme d'un leader spirituel sikh ayant vécu dans les années 1800 du nom de Sirdar Thakar Singh Sadhanwali.

Madame Blavatsky a rencontré Singh au cours de ses nombreux voyages en Inde. À la même époque, elle fait la connaissance de plusieurs enseignants spirituels des Indes orientales qui allaient devenir plus tard Djwhal Khul, maître Hillarion et El Morya, et qu'elle appelait « les *mahatmas* ». Madame Blavatsky a fait connaître les enseignements spirituels de ces hommes en Amérique du Nord en protégeant leur identité au moyen de pseudonymes. Elle avait en sa possession des lettres provenant de Singh et des autres *mahatmas*, et prétendait parfois que ces missives s'étaient matérialisées à partir des espaces célestes.

Quand ces hommes sont décédés, madame Blavatsky et ses disciples (surtout Alice Bailey et Elizabeth Clare Prophet) se sont mis à recevoir des messages d'eux. C'est à ce moment-là que le terme *maître ascensionné* a été employé pour la première fois. Selon les nouveaux théosophes, les incarnations passées de Kuthumi comprennent saint François et Pythagore.

Quand j'ai fait appel à Kuthumi, il m'est apparu vêtu comme un clown de cirque et m'a dit :

*« La vie est un cirque à trois pistes et l'important est de
ne pas vous laisser distraire pas les événements qui se
déroulent autour de vous. Une bonne concentration ainsi
qu'une volonté d'aller à la découverte de vérités
supérieures préserveront votre conscience de l'anxiété et
l'imprégneront de paix. Refusez de vous laisser distraire
et contrarier. Utilisez votre caractère entêté à bon
escient en ne vous concentrant que sur ce qui est bon. De
cette façon, vous arriverez à véritablement vaincre le
mal dans tous les sens du mot. Permettez-moi de vous
enseigner des façons de pénétrer jusqu'aux confins des
dimensions supérieures, là où la paix est à la portée de
tous. Au-delà du vacarme de la dimension terrestre, nous
atteindrons ensemble le* nirvana, *séparément mais côte à
côte. La perspective sacrée entre toutes consiste à
enseigner la paix par la réalisation de soi. »*

Aide apportée :

- Investissement dans l'atteinte des objectifs de vie
- Concentration

INVOCATION

Si vous vous sentez dévier de vos principaux objectifs de vie
et perdre votre motivation, demandez à Kuthumi de vous aider à
garder le cap sur vos priorités. Il vous aidera à organiser votre
horaire de façon équilibrée. Faites appel à son aide chaque fois
que vous avez l'impression de crouler sous l'ampleur de vos
tâches :

« Très cher Kuthumi, je fais appel à ton intervention. Je
te demande de libérer mon esprit et mon emploi du temps
de toute distraction, de façon à ce que je puisse me
concentrer entièrement sur mon réel objectif de vie. Je te
demande de faire en sorte que tous les changements de ma

vie se produisent de façon douce et paisible, de m'aider à percevoir mes guides spirituels et à sentir la volonté divine qui est en moi. Je remets maintenant entre tes mains toute crainte liée à l'*ego* qui risquerait de me faire dévier de mon chemin. Aide-moi à savoir quand j'ai tendance à remettre les choses à plus tard en ce qui a trait à mes objectifs, pour que je puisse m'immerger complètement dans la joie que procure le service spirituel. »

Lakshmi

(Bouddhisme, hindouisme, Inde, jaïnisme)

Également appelée Haripriya, Jaganmatri, Laxmi,
Matrirupa, Vriddhi.

L akshmi dérive du mot sanskrit *laksya*, qui signifie « but » ou
« objectif ».

Lakshmi est une superbe déesse lunaire de la prospérité et de
la chance qui apporte les bienfaits de l'abondance à tous et à
toutes. Avec son merveilleux teint doré, Lakshmi représente
aussi la beauté, la pureté, la générosité et le bonheur véritable.
On dit qu'elle a surgi des bouillonnements de l'océan les bras
remplis de présents et de fleurs de lotus et qu'elle était si belle
que tous les dieux ont immédiatement voulu la prendre pour
épouse. Elle a choisi d'être la compagne de Vishnou, dieu du
Soleil. Par la suite, pour chacune des vies de Vishnou, elle s'est
réincarnée en sa compagne.

Comme la mission véritable de Lakshmi est d'apporter le
bonheur éternel sur Terre, elle nous aide à trouver la carrière qui
nous convient et qui nous apporte de grandes récompenses,
notamment une sensation de satisfaction personnelle. Elle sait
que la richesse en elle-même ne suffit pas à créer un bonheur à
long terme et qu'elle doit s'accompagner d'une pratique
spirituelle ainsi que d'un sentiment d'accomplissement
personnel. Lakshmi peut donc nous guider vers l'œuvre de notre
vie, qui nous procurera joie et abondance ainsi qu'aux autres.

Lakshmi est associée aux fleurs de lotus. Selon certaines
légendes, elle serait née de l'une de ces fleurs et y vivrait. Dans

les œuvres d'art, on la représente souvent avec un lotus à la main, ou debout sur une fleur de lotus, symbole d'éveil spirituel et de paix.

Lakshmi apporte grâce, beauté et amour dans les foyers et veille à ce que tous les besoins domestiques soient satisfaits. Elle est adorée de Ganesh, avec qui elle joint souvent ses efforts pour aider les gens à atteindre leurs objectifs.

Lakshmi s'exprime d'une voix douce et mélodieuse. Elle m'a dit :

« *L'atteinte de la richesse matérielle est l'un des plus grands mystères et défis de la vie. La plupart des personnes en quête spirituelle abhorrent tout ce qui touche la recherche d'argent, mais aspirent à la liberté qu'il procure et aux services qu'il peut rendre. Un grand nombre de vos enseignants et guérisseurs spirituels se sentent mal à l'aise d'accepter de l'argent pour le travail qu'ils accomplissent, tout en rêvant du jour où ils pourront mettre fin à tous leurs autres emplois afin de se consacrer pleinement à la spiritualité. Il importe de résoudre ce dilemme. Nous qui sommes ici, dans cette strate que vous appelez "cieux", entrevoyons de nombreuses solutions possibles et pouvons vous aider à réaliser la plupart d'entre elles sans que vous ayez à y mettre trop d'effort ou à trop réfléchir. Je vous dirai ceci : Le fait d'essayer, en utilisant votre volonté, de provoquer et de forcer les choses constitue votre principal obstacle et votre plus gros blocage, que vous ne pourrez surmonter que lorsque vous serez convaincu que toutes les richesses qu'il vaut la peine de posséder sont déjà à l'intérieur de vous. Lorsque, forts de cette certitude, vous pourrez enfin vous détendre, convaincus que tout ira bien, alors tous les obstacles disparaîtront.* »

Aide apportée :

- Abondance
- Beauté et esthétique
- Bonheur durable
- Manifestations – provisions domestiques et nourriture
- Dégagement de l'espace pour le foyer

INVOCATION

Lakshmi adore les cœurs reconnaissants qui savent apprécier. Alors, quand vous faites appel à elle, imaginez que tous vos souhaits ont été exaucés par une intervention divine et éprouvez-en de la reconnaissance. Sachez que le pouvoir de votre Créateur, combiné à votre foi et à l'aide bienveillante de Lakshmi, se manifestera comme par miracle. Les manifestations de Lakshmi sont l'incarnation physique de l'amour et de la gratitude que vous éprouvez présentement.

Demeurez concentré sur vos désirs en les considérant tout au fond de vous comme déjà manifestés, puis remerciez Lakshmi en psalmodiant mentalement la prière de reconnaissance et de vénération suivante : « *Om Nameh Lakshmi Namah.* »

Lugh

(Pays celtiques)

Également appelé Lug, Lugus, Lleu.

Lugh est un dieu du Soleil plein d'ardeur juvénile toujours accompagné d'un chien de chasse magique et muni d'un casque et d'une lance qui le protègent complètement ainsi que toutes les personnes qui font appel à lui. Au moyen de l'amour divin, Lugh aide les humains à réaliser le potentiel de leur sorcière ou sorcier intérieur. Il est également associé à la fertilité et à l'abondance des récoltes estivales.

Selon la légende, Lugh était un maître artisan, un poète, un guérisseur et un touche-à-tout et il n'y avait rien à l'épreuve de son talent.

Lorsque j'ai fait appel à Lugh pour qu'il me transmette un message en vue du présent livre, un homme d'une beauté époustouflante coiffé d'un casque, muni d'un bouclier et paré de vêtements de style romain est apparu devant moi. Il m'a dit : « *Vous m'avez appelé ? En quoi puis-je vous aider ?* » Lorsque j'ai décrit une situation particulière pour laquelle j'avais besoin de son aide, Lugh m'a répondu : « *Une minute – il y a quelque chose qui mijote ici. Je vais vérifier ça et je vous reviens tout de suite.* »

Il est revenu une fraction de seconde plus tard, tenant à la main une sorte de potion qui avait l'apparence d'une poudre bleue aux reflets liquides. Lugh a dit : « *J'ai concocté cela à partir de mon évaluation de vos aspirations intérieures, de vos dispositions et vos inclinations.* » Très poliment, il m'a demandé s'il pouvait m'oindre de cette potion de guérison qui, m'a-t-il expliqué, avait été préparée sur mesure pour ma situation. Il a ajouté qu'il fabriquait toutes ses recettes magiques de façon personnalisée pour chaque individu, selon sa situation particulière.

Je me suis alors détendue et Lugh a poussé mes cheveux afin de dégager mon front. J'ai eu l'impression qu'il effleurait du même coup mon aura. Il m'a demandé de retirer mes lunettes de soleil pour mieux pouvoir m'oindre. Il a pris une petite pincée de poudre entre ses doigts et l'a saupoudrée sur mon front, puis en a étendu une généreuse quantité sur le dessus de ma tête et sur mon visage, couvrant le tout à la manière d'une calotte. Après m'avoir demandé d'inhaler très profondément l'essence de la potion, il a dit :

> « *Cette potion est investie de propriétés magiques qui contribueront à la résolution de ce problème, de la même manière que les vitamines vous procurent de l'énergie et vous aident à bien travailler au gymnase. Mais si les vitamines vous donnent de l'énergie, c'est quand même vous qui devez faire l'effort de vous rendre au gymnase et de procéder à une séance d'exercices. De la même façon, permettez à ma potion d'apothicaire de soutenir vos efforts, de stimuler votre foi et votre confiance, de vous recentrer et vous ramener en vous, dans la paix et la joie.* »

Puis, avant de disparaître, Lugh a mis fin à sa séance de guérison avec ces paroles : « *Avec tout mon amour !* »

Aide apportée :

- Alchimie
- Projets artistiques – entres autres l'art, l'artisanat, la poésie et la musique

- Magie divine
- Guérison à la suite de situations pénibles
- Protections en tous genres
- Solutions à tous les problèmes

INVOCATION

Véritable force de la nature, Lugh viendra vers vous rapidement lorsque vous ferez appel à lui. Pensez à son nom et sentez la force, le pouvoir et l'ampleur de son énergie. Puis, confiez-lui vos besoins et expliquez-lui les situations pour lesquelles vous avez besoin d'aide. Comme je l'ai décrit plus haut, il se peut qu'il s'absente pendant un moment pour aller chercher un baume ou une potion de guérison. Donnez-lui tout le temps dont il a besoin pour bien s'occuper de votre situation. Vous saurez que son traitement est terminé quand vous sentirez son énergie se retirer peu à peu pour revenir en force la prochaine fois que vous l'invoquerez.

Faites-lui parvenir vos remerciements et sachez qu'il les reçoit toujours avec plaisir. Lugh supervisera les progrès de la situation jusqu'à ce que les choses soient réglées. N'hésitez pas à l'appeler à n'importe quel stade du processus de résolution.

Lu-Hsing

(Chine)

Également appelé Pinyin Lu Xing.

Lu-Hsing est le dieu des salaires, de la rémunération, de la réussite, de l'avancement professionnel, des investissements, de l'accumulation graduelle, de la richesse et du personnel. Il est l'une des trois déités stellaires chinoises collectivement appelées « Fu Lu Shou San Hsing », qui apportent bonheur, fortune, richesse et longévité.

Au deuxième siècle av. J.-C., Lu-Hsing était un mortel du nom de Shih Fen, dirigeant de haut rang de la cour royale. Il a été déifié après sa mort. Lu-Hsing remarque et récompense les personnes qui s'investissent dans leur carrière et qui se dévouent à leur travail. Il déconseille fortement d'utiliser des méthodes corrompues afin d'obtenir de l'avancement. Il suggère de guérir les situations déplaisantes ou empreintes de malhonnêteté avec la prière et en faisant tout d'abord appel aux conseil divins avant de prendre des mesures plus draconiennes comme dénoncer au grand jour toute situation de corruption.

Invoquez Lu-Hsing avant de faire des démarches de recherche d'emploi pour que les portes s'ouvrent aisément devant vous et que vous vous mettiez allègrement en chemin vers la réalisation de la profession de votre choix. Sachez que les signes que donne Lu-Hsing pour vous indiquer quelles portes franchir peuvent être très subtils. Il est nécessaire d'avoir l'esprit agile et alerte pour bien saisir ses conseils. Les personnes qui bénéficient de son intervention apprécient son humour pince-sans-rire ainsi que les rebondissements qu'il orchestre, caractéristiques de sa méthode singulière. Invoquez toujours Lu-Hsing avant de demander à votre patron une augmentation ou une promotion.

« *Évitez de vous reposer sur vos lauriers* », lance-t-il en guise d'avertissement. Si vous souhaitez prendre quelque temps pour jouir de vos réussites présentes sans vous demander avec inquiétude comment vous allez franchir la prochaine étape, vous devez dire à Lu-Hsing que vous aimeriez prendre une pause pour vous ressaisir.

J'ai invoqué la présence de Lu-Hsing à l'occasion d'une visite en Chine, et je lui ai demandé de me parler des façons d'arriver à la sécurité financière et de connaître la réussite. Voici ce qu'il m'a répondu :

« Le secret de la réussite financière tient à la volonté d'adopter une âme de guerrier qui se reflétera dans votre attitude, la grâce de vos mouvements et la qualité de votre présence. Cela ne veut pas dire adopter un comportement agressif, mais plutôt acquérir la capacité de conclure des traités et des pactes avec vous-même et avec les autres. Les guerriers ont une attitude qui consiste à toujours s'attendre à des résultats positifs et à se tenir prêts à faire tout ce qu'il faut pour donner lieu à ces résultats. Cela veut dire qu'il ne faut jamais baisser les bras, mais plutôt faire preuve de souplesse et se mouvoir à l'unisson avec le flux d'énergie ou le chi. *Soyez fort, demeurez à l'affût de la réussite, soyez sensible aux courants d'énergie qui circulent et vous ne pourrez pas vous tromper. »*

Aide apportée :

- Tous les aspects liés à l'emploi
- Entrevues pour obtenir un emploi

- Augmentations et promotions

INVOCATION

Faites appel à Lu-Hsing avant d'entreprendre toute démarche importante relative à l'emploi. Imaginez que vous avez une rencontre mentale avec lui et que Lu-Hsing est un très haut dirigeant d'entreprise capable d'ouvrir la porte à tous vos désirs. Imaginez-le en train de prendre des notes au cours de votre conversation et sachez qu'il s'occupera de tout. Demandez-lui de vous donner des conseils très clairs que vous aurez de la facilité à comprendre, puis écrivez : « Merci, Lu-Hsing » sur une feuille de papier que vous plierez et que vous serrerez contre la paume de votre main pendant tout le déroulement de la situation qui vous préoccupe – il peut s'agir de demander une augmentation à votre patron, de passer une entrevue pour obtenir un emploi ou d'assister à une réunion importante.

Maât

(Égypte)

Également appelée Ma'at, Maa, Maet, Maht, Mat, Maut.

Déesse égyptienne de la vérité, de l'équité et de la justice, Maât est la fille du dieu-soleil Rê ainsi que l'épouse du scribe Thot, dieu de la magie. Selon la légende, quand Rê a créé le monde, il a donné vie à sa fille en tant qu'incarnation de l'intégrité.

Maât est la déesse de l'équité, de l'intégrité, de la promesse, de la vérité et de la justice. Son symbole est la plume, qu'elle utilise avec la balance de la justice afin d'évaluer le poids de la culpabilité et de la duplicité résidant au cœur des âmes nouvellement décédées.

Elle possède la capacité de discerner chez les gens la valeur de leur caractère, leur degré d'honnêteté et leurs motifs cachés. Invoquez la présence de Maât pour vous préserver des personnes malhonnêtes et des situations où règne la duplicité ainsi que pour vous protéger des énergies des ténèbres ou inférieures. Si Maât considère que votre motivation est pure, elle manifestera envers vous un amour chaleureux et profond. Sinon, il se peut qu'elle vous soumette à des épreuves de purification – vous pouvez aussi entreprendre certains rituels, faire des changements dans votre vie, modifier vos convictions et effectuer des cérémonies pour éviter ces épreuves et vous gagner sa camaraderie. Elle ne juge pas ; elle est la vérité même. Maât supervise également les questions d'ordre juridique pour installer l'harmonie et l'honnêteté à l'intérieur d'une situation. Elle a dit :

« *Tout le monde possède des aptitudes magiques et, pour la femme plus jeune, il importe avant tout de demeurer très à l'écoute de son cycle menstruel. À mesure qu'elle apprendra à être en harmonie avec les cycles de la Lune et comprendra comment ils sont liés à son propre flux, elle se mettra à éprouver de grandes affinités avec cet astre et s'ouvrira à un changement qui donnera libre cours à ses talents dans la sphère pratique et la sphère ésotérique. Cela éveillera en elle une merveilleuse confiance, caractéristique des plus grandioses manifestations d'énergie féminine. Les chats sauvages, par exemple, n'ont pas honte de leur pouvoir. Ils sont magnifiques parce que chacun de leurs mouvements dégage toute la plénitude de leur puissance. Pour les hommes et les femmes qui ont passé l'âge d'avoir des enfants, les cycles de la Lune n'ont pas un effet aussi grand, mais exercent tout de même une influence. Ces cycles affectent l'ensemble d'entre nous. Tout être – même les esprits – se trouvant dans l'attraction gravitationnelle de la planète Terre ressent l'emprise de la Lune. Portez attention à votre relation avec la Lune cette grande source de lumière. Rendez-lui visite souvent. Vous constaterez qu'elle est une source de pouvoirs magiques qui vous transmettra d'importants messages.* »

Aide apportée :

- Apaisement des dépendances et des besoins obsessionnels
- Clarification en cas de situations confuses
- Capacité de discerner la vérité et l'intégrité chez les autres

- Magie divine
- Intégrité et engagements – envers soi et les autres
- Ordre
- Protection contre la tromperie et la manipulation
- Purification corporelle

INVOCATION

Si vous éprouvez de la confusion ou de l'indécision dans une situation particulière, demandez à Maât de vous aider à clarifier vos intentions et vos sentiments réels. Elle vous donnera aussi de l'information pertinente sur les autres personnes concernées. Cependant, avant de l'invoquer, soyez absolument certain d'être prêt à affronter la vérité et même à entendre des choses qui risquent de vous rebuter (comme apprendre que quelqu'un manque d'intégrité, pas exemple).

Quand vous êtes prêt à travailler avec Maât, montrez-lui votre respect en vous tenant bien droit, puis prononcez ce qui suit :

« Chère et puissante Maât, je te demande de venir à moi immédiatement. Tu sais montrer la voie vers la vérité et l'intégrité et je voudrais que tu éclaires de ta lumière [décrivez la situation ou nommez la personne en cause]. Je t'en prie, fais régner dans mon cœur et mon esprit la lumière de la vérité et aide-moi à imprégner de ta sagesse mes sens et mon intellect. Aide-moi à abandonner toute façon étroite de penser qui pourrait me rendre aveugle face aux faits et à faire de la vérité le fondement de chacune de mes actions. Merci. »

Mab

(Irlande)

Également appelée *Maeve, Medb, Medhbh, Madb,*
reine du Connaught.

Puissante déesse guerrière dont le nom signifie « femme intoxiquée », Mab est reconnue pour sa volonté de fer et sa capacité de provoquer des manifestations à volonté, quelle que soit la chose ou la personne dont il s'agit. Elle est associée au cycle menstruel et à la beauté féminine. Mab est également une reine des fées et une déesse de la terre très aimée des chevaux.

Faites appel à Mab chaque fois que vous avez besoin de conseils sur des méthodes de guérison naturelles ou alternatives. Par exemple, si vous vous trouvez dans un magasin d'aliments naturels, demandez à Mab de vous guider vers les vitamines, les minéraux, les herbes et les huiles dont vous avez besoin pour une situation donnée. Telle une compagne d'emplettes amicale et sage, Mab vous guidera vers les bons produits à employer et les bons livres à consulter.

J'ai parlé avec elle alors que je me trouvais près d'une rivière bordée de fleurs au parfum exquis, tout près de Dublin, en Irlande. L'endroit fourmillait de superbes fées qui prenaient soin des fleurs. Sitôt que je l'eus invoquée, Mab m'a dit :

« Je supervise le royaume magique des fées. Je ne suis pas moi-même une fée, mais leurs missions et leurs plans divins, dans lesquels je joue un rôle, me ravissent. Par conséquent, lorsque vous les invoquez, il est fort

probable que vous m'invoquiez du même coup. Ma mission consiste à être un leader et à démêler les sorts pour qu'ils puissent être purifiés et centrés avant de parvenir aux fées. On peut dire que je suis une médiatrice ou une traductrice entre elles et vous et que je veille à ce que les souhaits qu'elles exaucent pour vous soient de la plus haute qualité. Contrairement aux anges tout là-haut, les fées vivent dans une densité à caractère plus temporel et doivent par conséquent employer leur temps avec sagesse. Et vous aussi ! Vous pouvez me demander d'exaucer vos souhaits matériels car je tiens aussi à vous rendre service de la meilleure façon possible, mais je vous aide aussi à éviter d'aller vers des possessions qui vous retiendraient et qui exigeraient de vous trop d'entretien, au point de vous faire dévier de votre chemin de lumière. J'apprécie particulièrement les guérisseurs parmi vous et je dois admettre avoir une affection toute spéciale pour les jeunes qui ont l'ambition d'œuvrer dans le domaine de la guérison. Demandez-moi conseil pour des questions touchant l'alchimie des herbes, les potions, les huiles et les élixirs. Je les infuserai d'énergies magiques du plus haut calibre ! »

Aide apportée :

- Alchimie
- Aromathérapie
- Communication avec la sphère élémentaire (en particulier avec les fées)
- Beauté, force et attraits féminins
- Guérisseurs, praticiens débutants, étudiants des méthodes de guérison et aspirants guérisseurs
- Connaissances liées aux herbes
- Guérison et protection des chevaux
- Cycle menstruel

INVOCATION

Mab vient immédiatement quand on l'appelle, quel que soit le moment ou le lieu. Toutefois, vos premières conversations avec elle seront plus claires et plus intelligibles si vous l'invoquez à l'extérieur, dans la nature, de préférence à un endroit où des fleurs poussent librement. Regardez une fleur et imaginez les fées voleter entre les pétales, s'en occupant avec joie et amour, puis prononcez mentalement ces paroles :

« Reine Mab, c'est moi, [dites votre nom]. J'aimerais apprendre à te connaître et je te demande respectueusement de devenir mon mentor dans mon travail de guérison et mon cheminement spirituel. Je suis sincèrement investi dans mes activités de guérison et je promets de continuer de prendre bien soin de l'environnement. Je suis prêt à t'aider dans ta mission de guérison du monde et te demande de me prendre sous ta puissante aile et de me guider avec force et clarté. Merci d'ouvrir des portes pour la réalisation de mon travail de guérison et de ma carrière dans ce domaine. »

Maitreya

(Bouddhisme, Chine, nouvel âge)

Également appelé Bouddha du futur, futur Bouddha, seigneur Maitreya, seigneur Maitreya Maitri, Bouddha heureux, Hotei, Bouddha rieur, Maitreya Bouddha, Miroku-Bosatsu.

Les historiens ne s'entendent pas sur l'histoire de Maitreya. Nombre d'entre eux croient qu'il était un moine du nom de Sthiramati, reconnu pour la grande compassion et la générosité qu'il manifestait envers son prochain. On dit que Sthiramati tenait tellement à installer le bonheur autour de lui qu'on lui a donné le nom de Maitreya, qui signifie « celui qui aime ».

Toutefois, il est parfois désigné sous le nom de Hotei, un moine vivant à l'époque de la dynastie des Tang qui avait l'habitude de distribuer des bonbons aux enfants. Les bouddhistes chinois croient que Hotei était l'une des incarnations de Maitreya. D'autres sont d'avis que Maitreya s'est incarné à l'époque de Krishna dans la peau du célèbre Rishi, dont on parle dans les Védas, ainsi qu'à l'époque de l'existence terrestre de Gautama Bouddha.

Dans certaines populations bouddhistes, on croit que Maitreya est le *bodhisattva* (être illuminé) qui succédera à Siddharta Gautama et qui deviendra le prochain Bouddha. Il est souvent représenté sous les traits d'un Bouddha hilare et ventru appelé Bouddha rieur.

Selon la prophétie, entre 4000 et 5000 ans après que Gautama Bouddha aura quitté son corps physique, Maitreya réapparaîtra sur Terre sous une forme humaine lorsque la ferveur bouddhiste aura besoin d'être ravivée. Maitreya prodiguera alors ses enseignements et guidera les gens par l'exemple, pour finalement remplacer Gautama Bouddha et devenir le Bouddha.

Dans les cercles du nouvel âge, on l'appelle seigneur Maitreya et il est considéré comme un membre de la Grande fraternité blanche, aux côtés de Jésus, de Saint-Germain et de l'archange Michael. On le dit maître du sixième rayon de lumière, celui de l'illumination et de l'ascension.

J'ai parlé avec Maitreya alors que j'étais assise devant une volumineuse statue du Bouddha rieur qui a semblé s'animer dès que j'ai commencé de converser mentalement avec Maitreya. Une amie à moi, Lynnette Brown, qui était assise à mes côtés, a entendu des propos similaires et a également vu la statue bouger et parler. Maitreya a dit :

« *Le rire est sacré. Riez plus, amusez-vous plus et chantez plus afin de mieux vous harmoniser avec le monde naturel. Même un simple fredonnement déplace votre corde de vibration vers l'extérieur et lui permet de se marier à l'Univers et à toute l'humanité. La musique est un présent en provenance du grand tout, offert à l'ensemble d'entre nous. Le nirvana lui-même est une chanson, une danse et un jeu. Prenez plaisir au déploiement de cette grandiose comédie musicale que vous appelez la "vie" et dirigez-vous vers l'illumination non pas en forçant les choses, mais sur les ailes du rire et de la chanson. Un jour viendra où la joie régnera de nouveau. Le nirvana est joie et rire insouciants. Lorsque vous riez, vous êtes pleinement branché sur l'infini, car le souffle émis par le rieur est le grand tout. Un cœur regorgeant de gaieté, d'hilarité, de plaisir et de rire est un cœur rempli de l'essence du nirvana. Soyez éternellement comme un enfant, cher être, et ne vous en faites pas à propos de vos ancêtres ou de la Création – ils se trouvent en sûreté dans un coffre-fort à toute épreuve que rien ne peut pénétrer ou détruire. La vie elle-même est éternelle et constitue un perpétuel déploiement de joie. En vous concentrant sur votre intention de vous amuser, vous demeurez centré sur le moment présent, ce qui vous permet de capter la pleine saveur de l'instant comme si vous savouriez un délicieux fruit sucré et juteux. Jouissez de ces délectables sensations dans toutes leurs variations car la vie est un banquet et un festin. Et comme pour un buffet, où vous devez essayer plusieurs plats avant de savoir ce que vous aimez et ce que vous n'aimez pas, vous devez accumuler des connaissances au fil de vos multiples expériences de vie. Vous pouvez alors faire preuve de sélectivité en ce qui a trait à ce que vous mettez dans votre assiette et ce que vous faites entrer dans votre ventre. Prenez plaisir au processus, sans avoir peur de goûter les différentes choses qui s'offrent à vous. Le rire est réellement la meilleure médecine – vous vous prenez beaucoup trop au sérieux et, ce faisant, vous vous privez du secret de l'harmonie sur votre planète : vivre dans la joie. Aujourd'hui, recherchez 10 personnes qui ne sourient pas et faites tout ce que vous pouvez pour illuminer leur visage d'un sourire. Vous aurez ainsi allumé 10 chandelles de lumière dans l'obscurité. »*

Aide apportée :

- Joie
- Rire et sens de l'humour
- Capacité d'amour
- Paix, mondiale et personnelle

INVOCATION

Imaginez un Bouddha rieur ou regardez une illustration de ce Bouddha. Voyez son large sourire, ses bras étendus vers le haut dans un mouvement d'enthousiasme et son gros ventre protubérant. Toute son attitude évoque la béatitude et le relâchement total que procure un bon éclat de rire. Imaginez-vous en train de lui frotter le ventre et laissez-vous gagner par son hilarité et sa joie contagieuses ! Peut-être vous mettrez-vous à sourire, à rigoler ou même à rire à gorge déployée. Remarquez que votre cœur s'emplit d'un sentiment d'amour chaleureux, de paix et de profonde sécurité.

Faites mentalement part à Maitreya de toute situation ou relation qui vous trouble et vous constaterez qu'il vous aidera à réduire votre degré d'anxiété. Maitreya s'engage à intervenir si vous promettez de demeurer constamment à l'affût de tout sentiment d'inquiétude et de remettre immédiatement entre ses mains toutes vos préoccupations. Sentez vos épaules se libérer d'un poids et sachez que vous n'avez plus rien à craindre.

Après avoir passé du temps avec Maitreya, regardez une comédie, lisez un livre humoristique ou échangez des histoires drôles avec un ami. L'important est de s'en remettre entièrement à Maitreya en s'assurant, après l'invocation, de s'amuser, de rire et de faire des folies.

Marie, mère bien-aimée

(Judéo-christianisme, catholicisme)

Également appelée mère de Dieu, Notre-Dame-de-la-Guadeloupe, Vierge Marie, sainte Vierge, reine des anges.

Les données historiques relatives à la vie de Marie sont rares et les descriptions d'elle que l'on trouve dans les quatre Évangiles n'offrent que peu de détails. Les autres documents traitant de Marie, comme le *Protévangile de Jacques*, parlent de sa naissance, de son enfance et de sa vie adulte, mais les chercheurs ne s'entendent pas tous sur la validité de ces renseignements. Et puis il existe les ouvrages du nouvel âge qui contiennent de l'information sur la vie de Marie obtenue au cours de séances de canalisation ou de régression.

Selon les Évangiles, Marie a passé sa vie à Nazareth, petit village d'artisans. Elle vivait avec son mari, Joseph, leur fils Jésus ainsi que – selon les historiens – les quatre fils et la fille de Joseph issus de son premier mariage. Comme Joseph travaillait à l'extérieur de la maison en tant que charpentier ou fabricant de meubles, Marie passait vraisemblablement la plus grande partie de son temps à s'occuper de sa famille et à pourvoir aux besoins de la maisonnée. La plupart des femmes vivant à cette époque n'avaient aucune éducation et n'apprenaient pas à lire. Les historiens et les chercheurs en théologie supposent que Marie a vécu une vie difficile, faisant des pieds et des mains pour arriver à acheter de la nourriture et à payer les taxes tout en tentant de préserver les siens des constantes invasions militaires et des troubles politiques.

Certains auteurs du nouvel âge croient que Marie aurait emmené avec elle l'enfant Jésus à Qumran pour vivre temporairement parmi les Esséniens, auprès de qui mère et fils se seraient initiés aux secrets mystiques contenus dans les manuscrits de la mer Morte. Certains chercheurs croient que les autres frères et la sœur de la famille étaient aussi la progéniture de Marie et de Joseph.

À l'époque moderne, bien des gens, surtout des enfants, ont eu des apparitions de la Vierge Marie dans des endroits comme Fatima, Lourdes et la Guadeloupe. Les apparitions de Marie et les messages qu'elle transmet aux personnes qui la voient nous aident à reconnaître qui sont les faiseurs de miracles parmi nous.

Marie est parfois appelée reine des anges, et ses fameux rapports avec l'archange Gabriel à l'occasion de l'Annonciation laissaient amplement présager ce titre. Sa personnalité actuelle est également très angélique. Elle fait partie des maîtres ascensionnés les plus bienveillants, patients et aimants. Les anges l'adorent et travaillent à ses côtés pour réaliser des miracles. Toutefois, derrière cette douceur se cache une mère ourse pleine de fermeté qui nous enjoint avec amour de nous secouer un peu.

Marie se préoccupe tout particulièrement des enfants et nous encourage à faire preuve de sagesse, d'intelligence et d'amour dans les décisions que nous prenons relativement à l'éducation de nos tout-petits. Elle veille tout particulièrement sur les nouveaux « enfants indigo et enfants cristal », qui apportent avec eux le salut de la planète. Marie apportera son assistance à toutes les personnes qui consacrent leur vie à aider ces enfants et ouvrira des portes aux défenseurs des intérêts des enfants. Elle aide les personnes qui ont de bonnes intentions envers les enfants, notamment celles qui cherchent à abolir les produits chimiques qui nuisent à la psyché des jeunes, notamment les pesticides et les additifs alimentaires ainsi que les médicaments psychotropes comme le Ritalin.

Une femme du nom de Mary Frances m'a fait parvenir l'histoire suivante, qui raconte comment Marie lui est venue en aide ainsi qu'à ses enfants :

« Âgée de 39 ans, j'étais enceinte et mon ventre était très volumineux. J'avais aussi une fille âgée de sept ans. Ce jour-là, comme nous hébergions les filles d'un couple d'amis, nous avons décidé d'aller faire un tour à la plage pour ramasser des coquillages. Après avoir stationné la voiture dans un endroit particulièrement sablonneux, nous sommes sorties de la voiture et descendues nous amuser au bord de la mer pendant toute la journée. Plusieurs heures plus tard, de retour à la voiture, nous avons constaté que le véhicule était profondément enlisé dans le sable. J'ai alors demandé aux enfants de sortir pour voir si la voiture bougerait plus aisément en étant délestée d'un peu de poids, mais rien n'y fit. Pas moyen de la faire bouger d'un centimètre. Nous étions prises au piège et, par-dessus le marché, nous nous trouvions dans un endroit très isolé ! C'est alors que ma fille s'est mise à pleurer et à prier à voix haute. Elle a dit : "Oh, chère Vierge Marie, tu as dit que nous pouvions faire appel à toi chaque fois que nous avions besoin de ton aide. Nous sommes prises dans le sable, ma mère est enceinte et je ne suis pas capable de pousser la voiture car je suis trop petite Je t'en prie, je t'en prie, je t'en prie." Dans un éclat de rire, les deux autres filles m'ont demandé : "Croit-elle vraiment à ces balivernes ?" j'ai répondu : "Bien sûr qu'elle y croit !" Le soir tombait progressivement et nous commencions d'être vraiment inquiètes. C'est alors que surgit de nulle part une camionnette dans laquelle trois hommes prenaient place. Ils se sont arrêtés et ont dégagé la voiture du banc de sable, après quoi nous avons pu enfin reprendre le chemin de la maison. Je n'ai pas pu m'empêcher de me retourner vers les filles de mes amis et de leur dire : "Vous voyez ?" »

Je fais souvent appel à Marie pour obtenir de l'aide en matière de guérison ou des conseils et elle emplit chaque fois mon cœur d'une chaleur et d'un amour très doux. Récemment, à l'occasion d'une visite à un sanctuaire érigé en l'honneur de Marie à l'intérieur de la magnifique cathédrale de Cologne (construite vers 1200), je lui ai demandé de me transmettre un message. Harassée par mon voyage, je ressentais une douleur et une raideur intense dans le bas du dos ; j'ai donc allumé une bougie blanche devant la statue de la Vierge en lui demandant de me guérir. Mon lampion est venu s'ajouter à des douzaines d'autres, donnant lieu à une superbe cérémonie de prières lumineuses.

J'ai su que Marie était à mes côtés quand j'ai senti mon cœur s'emplir d'une chaleur bienveillante, ce qui est en quelque sorte sa carte de visite. La chaleur s'est ensuite étendue à l'ensemble de ma poitrine et de mon ventre et ma respiration s'est approfondie.

« *Compassion* », a-t-elle alors chuchoté à mon oreille avec une voix d'une extrême douceur – tel le souffle mélodieux du vent à travers les feuilles printanières.

> « *Le monde a par-dessus tout besoin de compassion, c'est-à-dire d'un sentiment d'amour qui s'accompagne d'une compréhension du point de vue et des sentiments d'autrui. Beaucoup de dissensions découlent d'un désir agressif de compassion, d'un besoin de forcer les autres à être d'accord avec vous ; en fait, l'ensemble des gens ont trop peur d'admettre qu'ils comprennent pourquoi les autres agissent comme ils le font. Baissez les bras, et venez à moi et je ferai en sorte que vous vous unissiez à tous les autres. Enlacez-moi et sentez mon étreinte ! Permettez-moi d'apaiser vos nerfs poussés à bout et de panser vos blessures émotionnelles. Venez à moi, celles et ceux d'entre vous qui avez peur. Je vous aiderai à vous élever au-dessus de toutes les tensions et de toutes les souffrances pour que vous puissiez comprendre le point*

de vue de tous les autres. Vous verrez alors que celles et ceux qui vous inspirent de la crainte et du ressentiment sont tout simplement des enfants qui, comme vous, sont pétris de peur. Baisse les bras, humanité. Tu n'en peux plus d'avoir constamment à te défendre contre des dangers que tu as toi-même imaginés. Ne crains pas la vérité, qui permet de triompher de toutes les peurs. Il est une vérité absolue et infaillible : Ton Père t'aimera pour l'éternité. Permets-moi de déverser cet amour dans ta direction et de t'envelopper de son pouvoir de guérison. Tu peux venir t'immerger à tout moment dans ce puits d'amour divin, simplement en branchant tes pensées à celles de Dieu. Comment faire ? En éprouvant de la compassion envers toi-même et les autres. Si tu ne peux y arriver, permets-moi de t'aider car, tout comme ton Père, je t'aimerai toujours et pour l'éternité. »

Quand je me suis levée pour sortir de la cathédrale, je n'éprouvais plus aucune douleur au dos.

Aide apportée :

- Adoption d'enfants
- Toutes les autres questions relatives aux enfants
- Soutien aux personnes qui viennent en aide aux enfants
- Fertilité
- Guérisons en tous genres
- Clémence

INVOCATION

Marie vient à toute personne qui fait appel à elle, quels que soient sa religion ou ses comportements antérieurs. Elle est tout amour et pardonne tout. Quand elle apparaîtra, il se peut que vous perceviez un capiteux parfum de fleurs ou que vous aperceviez des reflets de lumière bleu vif. Vous éprouverez un sentiment de paix et de sécurité, comme lorsqu'une mère entre dans la chambre de son enfant et, grâce à la puissance de son amour, réussit à chasser les cauchemars et à les remplacer par de beaux rêves.

Invoquez Marie en imaginant ou en regardant une illustration ou une statue d'elle et prononcez ces paroles à voix haute ou mentalement :

« Marie bien-aimée, reine des anges et mère de Jésus, je te demande ton aide. [Décrivez la situation préoccupante.] Merci de distribuer tes bénédictions sur cette situation et de m'ouvrir l'esprit pour que je puisse apprendre de cette expérience et grandir. Merci de me montrer la volonté de Dieu, qui nous garantit la paix à tous et à toutes. »

Melchizedek

(Judaïsme, Nouvel Âge)

On dit que Melchizedek signifie « roi de la droiture » ou « roi véritable ou légitime ». Originaire de Canaan, il était prêtre-roi de Salem (à l'époque où cette ville n'avait pas encore été rebaptisée Jérusalem) et professeur d'Abraham. Les anciens textes mystiques racontent qu'il effectuait des séances de purification de l'esprit à vaste échelle, travaillant en collaboration avec l'archange Michael.

Il existe de nombreuses versions contradictoires de l'histoire de Melchizedek. Dans les manuscrits de la mer Morte, il est désigné sous le nom de Michel et certains passages pourraient porter à croire que Melchizedek, l'archange Michael et Jésus ne seraient qu'une seule et même personne. Cette spéculation est renforcée par les lettres de l'apôtre Paul aux Hébreux, dans lesquelles Paul affirme que Melchizedek et Jésus sont tous deux des grands prêtres hautement compétents et que l'existence de Melchizedek préfigurait l'arrivée de Jésus sur Terre. Le texte spirituel oriental *Nag Hammadi* parle également de Melchizedek comme d'une incarnation passée de Jésus-Christ.

Selon le *Livre d'Énoch*, Melchizedek était le fils de Nir, frère de Noé. La femme de Nir étant décédée juste avant d'accoucher, Melchizedek a été extrait du ventre de sa mère alors que celle-ci était déjà morte. D'autres chercheurs affirment que Melchizedek n'était nul autre que Shem, fils de Noé.

On dit que Melchizedek a été le premier à faire la distribution de pain et de vin, qu'il a offerts à Abraham à la suite de sa victoire militaire. Dans une sculpture en pierre se trouvant dans la cathédrale de Chartres, en France, il est représenté tenant à la main une coupe ou un calice. Saint Paul parle de Jésus-Christ comme d'un prêtre s'inscrivant dans l'ordre (ou la succession) de Melchizedek, parce que Jésus a plus tard institué, à l'occasion de la dernière Cène, le partage de pain et de vin ou sacrifice eucharistique. Au Concile de Trente, on a même mentionné que Melchizedek avait offert du pain et du vin et que Jésus avait institué ce rituel lors de son dernier repas avec les apôtres.

Dans les cercles du nouvel âge, on considère Melchizedek comme un groupe d'êtres spirituels de haut niveau qui sont les gardiens et les enseignants d'anciens secrets ésotériques. Ce groupe est parfois appelé « ordre cosmique » ou « ordre de Melchizedek ». Il a été décrit dans les Psaumes : « *Le Seigneur l'a juré et ne reviendra pas sur sa parole, tu es à jamais ordonné prêtre selon l'ordre de Melchizedek.* »

Lorsque j'ai invoqué Melchizedek, un homme très grand aux yeux d'un bleu perçant est apparu devant moi. Il m'a montré qu'il gérait une sorte de station de commutation par où passaient les diverses couleurs de l'arc-en-ciel. Ces couleurs représentent l'énergie des vibrations universelles qui émanent de toute chose : les planètes et les étoiles, les organisations, les pensées et les émotions. Melchizedek a dit :

« *Je fais partie du programme de régulation qui équilibre et harmonise toutes les énergies. Ces énergies circulent continuellement et forment la structure de base de l'Univers. Toutes les substances sont formulées à partir d'elles et toutes les particules atomiques tournent autour d'elles. Alors, pour réorganiser la substance d'une situation, vous devez agir sur les couleurs internes afin d'en modifier la quantité ainsi que l'ordre dans lequel elles apparaissent. Une réduction de l'essence rouge, par exemple, contribue à réduire le seuil de la douleur. Comme la tolérance à la douleur diminue, la situation doit devenir plus douce et plus légère. Les formules permettant de remodeler des situations à partir des couleurs se fondent sur une science sacrée d'une grande complexité. Il vaut probablement mieux pour vous faire appel à mon organisation. Nous exerçons nos interventions en suivant une règle de non-ingérence avec vos activités terrestres. Toutefois, nous sommes à la disposition des personnes qui se tournent vers nous et qui requièrent notre assistance. »*

Melchizedek m'a montré comment son système de régulation peut instantanément réarranger et réorganiser la matière en recombinant ses composantes énergétiques de couleurs. Ce type d'intervention peut servir à dénouer une situation néfaste, à accentuer le flux et l'alimentation d'énergie positive ainsi qu'à créer ou à attirer de nouvelles substances ou situations.

Aide apportée :

- Correction des situations déplaisantes
- Compréhension ésotérique
- Manifestation
- Purification
- Protection contre les attaques parapsychiques
- Purification de l'esprit
- Thérapie à partir de la couleur (aura-soma, purification des chakras, cristaux, *feng shui, reiki,* etc.)

INVOCATION

« Sagesse de Melchizedek, pouvoir de Melchizedek, ordre de Melchizedek, j'invite et j'invoque votre présence et votre protection. Melchizedek, merci de faire entièrement disparaître toutes les énergies négatives ! Melchizedek, merci de me purifier, ainsi que cette situation. Melchizedek, merci de réorganiser cette situation de manière à ce qu'elle ne reflète que les lois et les énergies spirituelles les plus élevées. Sagesse, pouvoir et ordre divins, guidez mes actions, mes pensées et mes paroles dès maintenant ; je suis dorénavant en sécurité et protégé à tous égards. »

Merlin

(Pays celtiques, Royaume-Uni)

Également appelé Merddin, Myrddin, Merlyn, Emrys.

Figure controversée – a-t-il réellement existé ou n'était-il que légende ? – Merlin représente l'archétype du vieux sage sorcier. Il est reconnu comme un puissant magicien, un maître spirituel et un visionnaire du monde parapsychique qui, au Ve siècle, a prêté son aide au roi Arthur alors que celui-ci régnait au château de Camelot, au pays de Galles. Il est associé aux déesses d'Avalon et de Glastonbury, dont Viviane, Guenièvre et la dame du lac.

Les personnes qui doutent qu'Arthur ait vraiment existé disent que son personnage a probablement été inspiré par un ancien druide mystique. D'une façon ou d'une autre, l'information biographique à son sujet semble inexistante. Toutefois, de nombreuses divinités qui n'ont pas d'existence physique sont tout de même très puissantes et ont pour nous une réalité dans le monde des esprits. Merlin est l'une d'entre elles. Certains philosophes du nouvel âge prétendent que Merlin était l'une des premières incarnations de Saint-Germain. Or, moi-même ainsi que nombre de mes pairs dont je respecte l'opinion au plus haut point, en sommes arrivés à la conclusion, d'après nos interactions avec Merlin, qu'il ne peut en être ainsi car sa personnalité est beaucoup trop différente de celle de Saint-Germain.

Merlin est toujours heureux de donner aux artisans de lumière un coup de pouce magique ; toutefois, il nous suggère fortement de faire appel à notre sorcier intérieur au nom du service spirituel et non pas pour notre gain personnel.

J'ai cru bon de demander à Merlin de s'adresser aux lecteurs du présent livre alors que j'étais assise au cercle de Stonehenge, en Angleterre. Il a dit :

« *Bienvenue à l'école des mystères, où les mystères de l'ombre et de la lumière résident côte à côte. Je suis le champion de l'ombre et de la lumière et je reconnais le pouvoir que recèlent ces deux forces si on les approche sans peur mais avec un respect sincère pour leur puissance. Si vous cherchez à approfondir vos connaissances en matière de magie, à apprendre à mieux jeter des sorts ou à augmenter votre force intérieure ou votre pouvoir, n'hésitez surtout pas à m'appeler. Il me fait toujours plaisir de prodiguer enseignements et conseils, mais sachez que je suis reconnu comme un maître exigeant qui supporte mal la gloutonnerie ou l'indolence. Lorsque vous faites appel à moi, il vous faut être prêt à travailler dur sans faire de compromis.* »

Aide apportée :

- Alchimie
- Cristaux
- Magie divine
- Travail énergétique et guérison
- Prophéties et divinations
- Aptitudes parapsychiques
- Transformations physiques
- Manipulations spatiotemporelles

INVOCATION

Au cours de son existence mortelle, Merlin passait très peu de temps à l'intérieur. Il quittait fréquemment Camelot pour aller méditer seul dans la forêt, pour ne retourner au château que lorsque Arthur et les autres faisaient appel à son aide. C'est pourquoi il vaut mieux invoquer Merlin quand vous vous trouvez à l'extérieur, en particulier parmi les arbres.

Même avant que vous l'appeliez, Merlin connaît vos intentions. Il sait qui vous êtes, quelle est la situation à propos de laquelle vous avez besoin d'aide et quelle est la meilleure solution, mais il attend avant de s'approcher de vous car il prend le temps de vous examiner afin de déterminer si vous êtes un étudiant prêt à faire un effort d'apprentissage à long terme ou si vous ne recherchez qu'une solution-miracle.

Merlin vient à celles et à ceux qui éprouvent un réel désir d'apprendre les secrets spirituels relatifs à l'alchimie, à la magie divine et aux manifestations, et qui ont l'intention de ne faire usage de ces secrets que dans la lumière et non pour atteindre une quelconque gloire personnelle. Il insiste pour dire à ses étudiants que ces pouvoirs ne doivent jamais être employés pour faire du mal à quiconque ou à quoi que ce soit, physiquement ou émotionnellement, ni à des fins destructrices. Merlin chérit ses connaissances et les partage sans hésiter avec des personnes au cœur pur et rempli d'amour.

Il n'est pas mauvais de faire appel à Merlin même si vous n'êtes pas certain d'être prêt. Il saura si vous l'êtes. Pensez tout simplement à son nom et demandez-lui mentalement de venir à votre aide. Si vous êtes prêt à apprendre et à travailler, vous sentirez sa présence et entendrez ses paroles résonner en vous. Si vous n'êtes pas prêt, Merlin vous guidera vers un archange ou un maître qui pourra vous préparer. Quoi qu'il arrive, remerciez Merlin de son attention.

Moïse

(Judéo-christianisme)

Dieu a demandé au prophète Moïse de libérer son peuple de l'esclavage en lui faisant quitter l'Égypte et en le guidant vers Israël, la « Terre promise où coulent le lait et le miel ». Avec les 12 tribus d'Israël, Moïse a ensuite erré dans le désert et les vastes contrées pendant 40 ans. Au bout de cette longue période d'errance, il est monté au sommet du mont Sinaï, où Dieu lui a promis que son peuple atteindrait la Terre promise. Dieu a ensuite remis à Moïse les 10 commandements, en lui demandant de les transmettre aux Israélites. Ces commandements constituent la base du monothéisme ; en effet, le premier exige de n'adorer qu'un seul dieu.

Moïse naît au XVᵉ siècle av. J.-C. en Égypte ; ses parents sont Amram et Jochebed. Le pharaon de l'époque, qui se sent menacé par le pouvoir et la richesse croissants du peuple juif, ordonne que tous les nouveau-nés de race juive soient tués. Devant cette menace, la mère de Moïse cache son fils dans une corbeille en osier qu'elle dépose parmi les roseaux sur les bords du Nil en espérant qu'elle descende le fleuve jusqu'à la demeure du pharaon et attire l'attention et la compassion de la fille du souverain. Son plan réussit et Moïse est élevé au palais du pharaon comme s'il était de sang royal.

Les textes bibliques traitant des enseignements transmis par Dieu à Moïse en matière de miracles décrivent notamment

Moïse frappant un rocher d'où jaillit ensuite suffisamment d'eau pour désaltérer une congrégation entière et ses animaux, Moïse écartant les flots de la mer Rouge pour pouvoir la traverser avec son peuple, Moïse communiquant avec Dieu par l'entremise du buisson ardent, Moïse transformant un serpent en bâton. Moïse est un témoignage vivant des miracles qui peuvent se produire quand on suit fidèlement les conseils de Dieu.

Moïse aide les aspirants à l'enseignement spirituel de toutes les confessions et religions et il compte parmi mes propres guides. Alors que j'étais assise sur une plage de la côte ouest de la Nouvelle-Zélande, il m'a transmis un message profondément émouvant. Les paroles qu'il a prononcées ce jour-là continuent de m'inspirer et de m'intriguer :

« *En essayant toujours de forcer et de provoquer les choses, vous propulsez votre intention dans le futur et votre attention se fixe sur des gains et des améliorations à venir. Il vaut beaucoup mieux demeurer avec la situation présente, y prendre plaisir et extraire toutes les leçons que l'on peut tirer d'un scénario donné avant de passer au suivant. Délaissez vos plans d'avenir et concentrez-vous plutôt sur le moment présent. Remarquez où vous êtes, comment vous y êtes arrivé et les circonstances qui vous y ont mené. Une fois que vous avez compris ce qu'il y avait à comprendre d'une situation, tournez-vous vers le moment suivant, et ainsi de suite. En mettant l'accent sur l'avenir, vous demeurez prisonnier d'un* vacuum *qui nuit à votre capacité de tirer du moment présent les leçons, les enseignements et l'inspiration dont vous avez besoin. Ce que l'ensemble des mortels ont besoin d'apprendre par-dessus tout, c'est d'apprécier toutes les circonstances qui se présentent à eux. Ne cherchez pas à passer à une nouvelle situation avant d'avoir extrait pleinement tout le plaisir que vous pouvez de la situation présente. La vie, c'est ce qui vous arrive présentement, c'est tout ce qui compte.* »

Aide apportée :

- Rapports et interactions avec les figures d'autorité
- Communication claire avec Dieu
- Courage
- Foi
- Leadership
- Miracles

INVOCATION

L'histoire de la vie de Moïse illustre à merveille ce qui se produit quand on accepte un rôle de leadership, même si on n'est pas certain d'avoir la capacité ou les qualités requises pour exécuter cette fonction. Ainsi, Moïse peut vous aider à vous montrer à la hauteur de la situation et à accomplir le meilleur travail qui soit. Chaque fois que vous doutez de votre pouvoir ou de vos capacités, faites appel à lui :

« Moïse bien-aimé, je te prie de me prêter ton courage et de m'aider à surmonter ma peur et mes doutes. Je te demande d'emplir mon cœur de confiance et de foi dans les capacités que Dieu m'a données. Je t'en prie, guide mes paroles et mes actions pour que je puisse à mon tour diriger et guider les autres conformément à la volonté de Dieu. Merci. »

Nemetona

(Angleterre)

Également appelée mère du bois sacré.

Nemetona est la déesse celtique des lieux de pouvoir, des terres et des cercles sacrés, des labyrinthes et des roues de médecine.

Il existe un sanctuaire en l'honneur de Nemetona à Bath, ancienne ville d'eau située dans le sud de l'Angleterre. Jadis, les Celtes ne faisaient jamais de cérémonies sacrées à l'intérieur – ces rituels se déroulaient toujours en plein air. Nemetona veillait sur ces rassemblements de la même façon que les anges ou les maîtres ascensionnés d'aujourd'hui veillent sur les églises ou les temples.

Je me suis entretenue avec Nemetona dans un endroit fort approprié, soit au cercle sacré de Stonehenge, non loin de Bath. Elle m'a donné l'impression d'être une personne sombre, majestueuse et austère, mais en même temps pleine d'amour et de bon sens. Remplie d'une énergie provenant des temps anciens, elle monte la garde sur les lieux de pouvoir et préserve l'énergie des prières offertes par les personnes qui visitent ces endroits. Au fil du temps, Nemetona a supervisé nombre de cérémonies et rituels sacrés célébrés à l'extérieur (elle m'a expliqué que ces cérémonies se déroulent en fait simultanément et non selon le temps linéaire). Elle a dit :

« Lorsque vous priez dans un lieu sacré de pouvoir, vous vous joignez à une réalité simultanée où des rituels anciens se déroulent en même temps que le vôtre, dans une dimension parallèle. Les prières qui demandent une augmentation des pouvoirs, des aptitudes parapsychiques et des capacités en matière de manifestations se mêlent aux anciennes danses tribales et aux prières rituelles sacrées. »

Aide apportée :

- Protection des cérémonies spirituelles, conseils et sagesse
- Purification de l'espace dans les cours avant et de derrière de votre domicile

INVOCATION

Lorsque vous entreprenez une cérémonie, en particulier une cérémonie nécessitant que les personnes se tiennent debout ou s'assoient en cercle ou que les participants traversent un labyrinthe, invoquez Nemetona pour qu'elle veille au bon déroulement du rituel :

« Nemetona, déesse sacrée, nous demandons ta présence et ta participation à notre cercle. Je te demande de l'imprégner de ton énergie d'amour magique et d'accorder ta bénédiction à toutes les personnes qui participent à notre cérémonie. Nemetona, purifie l'espace à l'intérieur, autour, au-dessous et au-dessus de notre cercle. Merci. »

Oonagh

(Irlande)

Également appelée Onaugh, Oona.

Oonagh était l'épouse de Fionnbharr, chef des Tuatha Dé Danaans, qui peuplaient l'Irlande avant l'invasion des Gaéliques. Au lendemain de l'invasion, les Tuathas sont devenus des lutins. Oonagh se montrait fidèle et patiente avec son époux même s'il avait de multiples aventures avec des femmes humaines.

Dans les œuvres artistiques, Oonagh est représentée avec une chevelure d'or si longue qu'elle touche le sol. Déesse du dévouement dans les relations amoureuses, de l'esthétique et de la magie, elle est aussi une reine des fées.

J'ai invoqué Oonagh alors que j'étais assise au milieu d'un jardin de fées en Irlande ; j'ai alors aperçu une merveilleuse lumière opalescente, chatoyante et scintillante, avec en son centre une lumineuse fée qui brillait de l'intérieur. Je pouvais entendre la mélodie d'un chœur céleste ainsi que des fredonnements émaner de sa personne, comme si chacun de ses mouvements avait déclenché une mélodieuse rhapsodie électrique. Oonagh n'a rien dit – elle n'a fait que rayonner de joie, d'amour et de beauté.

Lorsque je lui ai demandé ce qu'elle aimerait dire aux lecteurs du présent livre, elle a simplement dit avec ferveur : « *Amour* ». Au bout d'un intense silence, elle a ajouté :

« *Soyez remplis d'amour, non pas amoureux comme on peut l'être avec une seule personne, mais tenez-vous au cœur de l'amour. C'est lui que vous voyez briller autour de moi. Il est la raison pour laquelle votre respiration s'est approfondie, un sourire est apparu sur votre visage et votre rythme cardiaque s'est accéléré quand vous m'avez aperçue pour la première fois. C'est moi qui suis l'inspiration pour le ballet et les autres jolies danses, car les fées des fleurs nous ont enseigné à toutes et à tous à être de gracieux danseurs et danseuses de ballet, d'innombrables façons. Utilisez le mouvement pour emplir votre cœur d'enthousiasme et de gratitude. Quand vous restez immobile trop longtemps, vos jambes se mettent à enfler et votre corps devient vieux et fatigué. Faites appel à moi pour acquérir une plus grande motivation à faire de l'exercice. Je vous rendrai visite au crépuscule, puis de nouveau juste avant l'aube. Je saupoudrerai sur vous ma puissante poudre magique, qui vous aidera à vous mettre en mouvement le matin venu. J'agirai à titre de physiothérapeute et de professeure de danse afin de vous encourager à faire des étirements, à bouger et à danser sur les rythmes de la nature et de la musique et à apprécier la beauté et la grâce de votre corps divin. Vivez dans l'amour.* »

Aide apportée :

- Beauté et attrait physique
- Danse et mouvement
- Magie divine
- Exercice et motivation
- Communication avec les fées
- Tous les aspects des relations amoureuses

INVOCATION

Oonagh adore danser et faire bouger son corps et elle aime bien que nous dansions avec elle. Afin de vous synchroniser avec la présence d'Oonagh, imaginez que vous êtes une gracieuse ou un gracieux danseur de ballet qui tournoie parmi les fleurs, ou mieux, levez-vous et mettez-vous à danser dans un champ de fleurs réel ou imaginaire. En même temps que vous bougez (en réalité ou en imagination), répétez dans votre esprit le mot *amour*. Puis, demandez mentalement à Oonagh de danser avec vous. Pendant qu'elle bouge à vos côtés, entamez avec elle une conversation mentale sur votre vie amoureuse. Ne dissimulez rien, dites tout ce qui vous passe par l'esprit : vos tracas, vos désirs, les problèmes que vous avez eus dans vos relations antérieures et les situations qui vous préoccupent présentement. Vous remarquerez, au cours de la conversation, qu'elle vous débarrassera le cœur de toute lourdeur et vous aidera à vous sentir léger et insouciant, l'essence même de la foi. Remerciez Oonagh de sa danse et de son aide.

Pele

(Hawaii)

Également appelée Ka-'ula-o-ke-ahi (rougeur du feu).

Déesse du feu qui régente les volcans d'Hawaii, Pele peut adopter plusieurs formes : une femme jeune et belle, une vieille femme ratatinée, un chien et une flamme. Dans les îles hawaïennes, Pele est hautement respectée et considérée comme une puissante déité.

Les légendes abondent en ce qui a trait aux origines de Pele. Dans toutes les histoires existantes, la rivalité qui régnait entre elle et sa sœur aînée Hiiaka, déesse de l'océan, est un thème récurrent. Quand Pele a décidé d'utiliser son pouvoir et sa maîtrise du feu pour faire émerger des masses de terre de l'océan afin de créer de nouvelles îles, sa sœur s'est opposée à elle. Hiiaka a versé de l'eau sur la lave engendrée par Pele, et la vapeur produite par cet affrontement entre le deux sœurs a jailli des cratères des volcans.

Il existe d'autres histoires racontant les tragiques aventures amoureuses de Pele, tant avec des mortels qu'avec des dieux. On dit que la lave est en fait sa chevelure ainsi que des larmes d'angoisse qu'elle a versées en raison de ses déboires amoureux. Certains racontent que les gens qui emportent avec eux des pierres de lave trouvées au cours d'un voyage dans les îles hawaïennes risquent de s'attirer la colère de Pele. Ainsi, de nombreux touristes ayant rapporté des pierres de lave à la maison les auraient renvoyées par courrier à Hawaii après avoir connu une série de malchances suspectes.

Pele est une déesse puissante mais digne de confiance qui nous aide à comprendre en quoi consistent nos passions et nos vrais désirs. À Kona, elle m'a dit :

« *Nous avons toutes et tous un feu incandescent à l'intérieur de nous, qui, lorsqu'il est adéquatement canalisé, nous emplit de passion et de motivation. Si nous nions trop nos besoins dans notre cheminement vers la réalisation de nos désirs et de nos passions, nous risquons d'éclater en un volcan de furie. Même dans ces circonstances, nous pouvons transformer notre colère et notre indignation en des formes créatives de beauté, comme lorsque mon flot de lave se durcit pour créer des masses rocheuses, permettant du même coup la formation de sols nouveaux et l'expansion de mes îles.* »

Pele nous aide aussi à faire davantage preuve d'honnêteté dans nos relations, en particulier quand nous nous sentons en colère ou blessés. Elle sait que si nous gardons nos émotions enfermées en nous-mêmes la colère réprimée finira par étouffer les flammes de la passion ou exploser à la manière d'un volcan. Faites appel à son aide quand vous devez dire à quelqu'un que vous êtes en colère contre lui, de façon à préserver la passion qui anime la relation que vous avez avec cette personne.

Aide apportée :

- Prise en main personnelle
- Énergie
- Établissement et atteinte d'objectifs
- Communication honnête dans les relations
- Passion
- Établissement des priorités

INVOCATION

En sa qualité de déesse du feu sacré, Pele nous aide à brûler de passion dans notre carrière, nos relations et notre vie en général. Si vous avez l'impression que votre vie manque de couleur, demandez l'aide de Pele. Commencez par allumer une chandelle de couleur chaude (rouge, orange ou jaune), puis regardez fixement la flamme et prononcez les paroles suivantes avec une grande déférence :

« Pele, déesse sacrée, je te demande de m'aider à raviver ma flamme intérieure. Aide-moi à m'illuminer d'une passion pour la vie. [S'il y a une relation ou un projet particuliers pour lesquels vous aimeriez éprouver plus d'enthousiasme, décrivez-le maintenant.] Aide-moi à tempérer cette passion avec une bienveillante douceur et à trouver le courage de dire ce que je pense s'il m'arrive d'éprouver de la colère. »

Saint François

(Catholicisme)

Également appelé *saint François d'Assise,*
Francesco Bernardone, Poverello.

Francesco (François) Bernardone naît en 1181 au sein d'une
famille riche d'Assise, en Italie. Pendant sa jeunesse,
marquée par les guerres entre cités italiennes, il s'attire souvent
des ennuis. Jeune adulte, il s'enrôle dans l'armée, où il sert
comme soldat à temps partiel. Un jour, il est capturé et jeté dans
une prison de la ville de Pérouse. C'est là qu'il a une véritable
révélation : Il entend Jésus l'enjoindre de renoncer aux biens de
ce monde et de faire vœu de pauvreté et d'humilité. Cette
expérience le transforme profondément et, sitôt relâché, il
entreprend un cheminement marqué par la spiritualité et la
dévotion.

François mène une vie d'ascète, vêtu et se comportant
comme un mendiant, tout en prêchant l'amour de Jésus et la
paix. Il offre ses services dans les hôpitaux et soigne les
malades, puis forme en 1212 un ordre monastique qu'il appelle
les Franciscains.

François était reconnu pour sa remarquable capacité
d'interaction avec les animaux. Selon la légende, un jour qu'il
faisait une promenade, il a aperçu une volée d'oiseaux. Il s'est
alors arrêté pour prêcher aux gracieux volatiles, qui se sont mis
à porter attention à ses paroles comme un auditoire captivé.
Après avoir fini de parler, François s'est approché des oiseaux,
allant même jusqu'à les frôler avec sa tunique, sans les effrayer

le moins du monde. À la suite de cette expérience, François a souvent prêché l'amour de Dieu aux oiseaux et aux reptiles. Les bêtes sauvages réagissaient face à lui comme des animaux domestiques. Ainsi, les oiseaux s'immobilisaient au son de ses paroles. Un jour qu'il s'adressait à un lièvre sauvage, celui-ci persistait à revenir se blottir sur ses genoux même après que François l'ait posé par terre à plusieurs reprises ; un loup que l'on soupçonnait fortement d'avoir tué et blessé des humains et des animaux est devenu doux comme un agneau au contact de l'amour bienveillant de François.

François a écrit un grand nombre de prières et de méditations, notamment la célèbre prière de saint François, que voici :

« Seigneur, fais de moi un instrument de ta paix ;
là où est la haine, que je mette l'amour.
Là où est l'offense, que je mette le pardon.
Là où est le doute, que je mette la foi.
Là où est le désespoir, que je mette l'espérance.
Là où sont les ténèbres, que je mette la lumière.
Là où est la tristesse, que je mette la joie.
Ô Seigneur, que je ne cherche pas tant à
être consolé qu'à consoler,
à être compris qu'à comprendre,
à être aimé qu'à aimer.
Car c'est en donnant qu'on reçoit,
c'est en s'oubliant qu'on trouve,
c'est en pardonnant qu'on est pardonné,
et c'est en mourant [à soi-même] *qu'on ressuscite à l'éternelle vie. »*

François est passé du côté du monde des esprits le 4 octobre 1226. Deux ans plus tard, il a été canonisé sous le nom de saint François d'Assise.

J'ai vu saint François en compagnie d'un grand nombre de mes clients qui vouent un amour particulier aux animaux ou qui consacrent leur vie à aider et à soigner ces merveilleuses créatures. Saint François est toujours un défenseur passionné des animaux et il nous aide à apprendre de ces êtres sages et doux avec qui nous partageons la planète.

Aide apportée :

- Communication avec les animaux et guérison
- Découverte de sa vocation et de sa carrière
- Défense de l'environnement
- Détermination de ses objectifs de vie
- Paix, personnelle et mondiale
- Dévouement spirituel
- Jeunes qui tentent de sortir de la délinquance

INVOCATION

Comme saint François est étroitement associé à la nature et aux animaux, vous obtiendrez une meilleure communication avec lui si vous vous trouvez dans un environnement naturel ou en compagnie d'animaux, notamment vos animaux domestiques. Tel un grand-père bienveillant, saint François est un être d'une grande bonté qui viendra à toutes les personnes faisant appel à lui, en particulier celles qui sont prêtes à aider les animaux ou l'environnement. Si vous vous trouvez à l'extérieur, dans la nature, jouissez de la beauté des lieux avec tous vos sens. Humez les parfums qui embaument l'air, écoutez les sons qui résonnent dans l'atmosphère et sentez le vent vous caresser la peau. Si vous êtes à l'intérieur en compagnie de vos animaux domestiques, utilisez vos sens pour remarquer tous les détails qui vous entourent. L'important ici alors, est de ralentir la cadence et d'apprécier la complexité et la beauté de la nature.

En même temps que vous appréciez tous les détails de votre environnement naturel, demandez à saint François de se joindre à vous (il est fort probable qu'il soit déjà rendu à vos côtés avant même que vous ayez fait explicitement appel à lui). Lorsque vous sentez sa présence, prenez quelques instants pour vous adresser à lui de façon cordiale et décontractée, comme si vous entrepreniez une conversation avec un ami.

Comme saint François insiste toujours sur l'importance de prendre son temps et d'apprécier le moment présent, il ne faut surtout pas procéder avec précipitation lorsque vous lui demandez de vous aider ou de vous assigner une mission divine. Prenez plaisir à l'interaction mentale que vous avez avec lui et laissez la conversation évoluer naturellement jusqu'au moment où le sujet qui vous préoccupe arrivera sur le tapis. À mesure que vous approfondirez ce lien d'amitié avec saint François, vous vous apporterez tous deux un soutien mutuel de plus en plus fort – vous à partir de la dimension terrestre et lui à partir de sa demeure céleste.

Saint-Germain

(Nouvel âge)

Également appelé comte de Saint-Germain, maître Saint-Germain, der Wundermann, Saint-Germain,
le prodige d'Europe.

Saint-Germain n'est pas un saint au sens catholique du terme et ne devrait pas être confondu avec sainte Germaine Cousin ou saint Germanus, deux saints catholiques. Il a plutôt été un homme en chair et en os, un comte royal de la région française de Saint-Germain.

Son vrai nom est le comte de Saint-Germain. De sang royal, il est né quelque part entre 1690 et 1710, mais les chercheurs ne s'entendent pas sur l'identité de ses parents. Certains affirment que sa mère était Marie de Neubourg, veuve du roi Charles II d'Espagne, et que son père était le comte Adanero. D'autres (en particulier les chercheurs associés au mouvement théosophique) disent que son père était le prince Ragoczy de Transylvanie. Quelques documents indiquent qu'il était le prince Ragoczy. D'autres encore sont d'avis qu'il était un Juif portugais.

Quelles que soient ses origines, l'histoire montre que le comte de Saint-Germain fréquentait les membres de la haute société et de l'aristocratie européennes. Il possédait de multiples talents, jouant du violon comme un virtuose, donnant des consultations à titre de clairvoyant, maîtrisant de nombreuses langues et peignant d'exquises toiles. Il consacrait également une partie de son temps à étudier et à enseigner des sujets liés à l'occultisme et à l'alchimie, en plus de participer à la fondation de plusieurs sociétés secrètes, notamment celle des francs-maçons. Il se vantait de pouvoir transformer le plomb en or et de connaître une technique secrète permettant de faire disparaître les défauts des diamants tout en les faisant augmenter de volume.

De plus, Saint-Germain faisait boire à ses amis des élixirs qui étaient censés effacer les rides et posséder des propriétés rajeunissantes. Il se peut que ce soit vrai car, dans tous les comptes rendus à son sujet où on le décrit, on raconte qu'il a gardé toute sa vie l'apparence d'un homme d'âge mûr à l'énergie juvénile. On dit aussi que même s'il sortait souvent avec des amis dans les restaurants il ne mangeait jamais en public. Il aurait confié à bien des gens que le seul aliment dont il se nourrissait était une concoction d'avoine spéciale qu'il préparait à la maison.

Des comptes rendus indiquent que Saint-Germain était très riche, même si personne n'a pu établir d'où provenait cette richesse. Il adorait les pierres précieuses – ou s'agissait-il de cristaux ? – et il en avait toujours sur lui, les distribuant souvent à son entourage en guise de présents. Dans son travail artistique, il peignait des pierres précieuses en employant des couleurs intenses et vives.

Saint-Germain n'a jamais divulgué les détails touchant sa naissance et son histoire personnelle et il était considéré à l'époque comme un homme fascinant et énigmatique. Il pouvait lui arriver à l'occasion de faire référence à ses vies antérieures – par exemple, en disant qu'il avait connu Néron à Rome. Il affirmait aussi qu'il allait se réincarner en France dans 100 ans. Le prince Charles de Hesse-Kassel, avec qui Saint-Germain vivait et pratiquait l'alchimie, aurait raconté que le comte était décédé à son château le 27 février 1784. Toutefois, de nombreux comptes rendus provenant de sources sûres indiquent que Saint-Germain a été aperçu vivant plusieurs années après cette date. Par exemple, des documents officiels de la franc-maçonnerie rapportent que Saint-Germain a assisté au congrès de 1785 à titre de représentant de la France.

Saint-Germain était également très impliqué dans la vie politique française, travaillant aux côtés du roi Louis XVI dans le cadre de plusieurs missions. On croit qu'il (Saint-Germain) serait en partie responsable de l'accession au trône, en Russie, de Catherine la Grande.

Véritable visionnaire qui faisait souvent profiter les autres de ses visions parapsychiques, Saint-Germain offrait des séances privées aux membres de la famille royale ainsi qu'aux personnes influentes. Par exemple, il aurait fait part à Marie-Antoinette de ses prophéties au sujet de la Révolution française 15 ans avant les événements. En raison de son comportement et de ses excentricités, Saint-Germain s'attirait parfois des ennuis, qui ont mené à son arrestation à plus d'une reprise.

Certaines personnes croient que Saint-Germain a atteint l'immortalité, et qu'il a fait croire à sa mort pour éviter d'attirer l'attention. Annie Besant, l'une des premières théosophistes, affirme l'avoir rencontré en 1896. Guy Ballard, dont le nom de plume est Godre Ray King, raconte dans ses écrits avoir rencontré Saint-Germain à Mount Shasta, en Californie, dans les années 1930. Récemment, Elizabeth Clare Prophet a écrit et fait une série de conférences sur Saint-Germain au cours desquelles, elle affirmait qu'il transporte avec lui une flamme violette capable de transmuter les énergies inférieures.

Dans les « enseignements JE SUIS », ouvrage produit par le nouvel âge et lié à la Grande fraternité blanche [voir glossaire], on considère le rôle de Saint-Germain dans l'histoire comme très important. Dans les cercles du nouvel âge, on croit que ses existences antérieures incluent Joseph, père de Jésus, Merlin, Shakespeare et Christophe Colomb. Il est considéré comme le seigneur ou chohan du septième rayon, qui correspond à la couleur violette, laquelle possède une fréquence vibratoire très élevée dans la hiérarchie des couleurs. En d'autres termes, il est un personnage central dans le mouvement d'ascension de la race humaine et au sein de la Grande fraternité blanche.

Ma première expérience d'importance avec Saint-Germain est survenue alors que j'enseignais un cours de niveau débutant en développement parapsychique, à Atlanta. J'avais demandé aux étudiants de se mettre par deux, de se placer face à face, et de se faire des lectures réciproques. Lorsqu'ils eurent terminé, je leur ai demandé de partager leurs expériences avec moi. Une femme qui se tenait dans un coin de la pièce a alors levé la main. De religion juive, elle en était à ses débuts dans son apprentissage des enseignements du nouvel âge. Son partenaire d'exercice était un prêtre catholique originaire d'Angleterre qui était venu à Atlanta par avion expressément pour suivre mon cours.

« Qui est Saint-Germain ? » m'a demandé la femme. Ni elle ni son partenaire n'avaient jamais entendu parler de cet homme qui s'était manifesté de façon si intense dans le cadre de leur exercice.

« Moi aussi j'ai eu Saint-Germain ! » s'est aussitôt écrié un autre étudiant de l'autre côté de la salle. « Moi aussi ! » ont dit deux autres participants. Ce qu'il y avait de remarquable dans tout ça, c'est que les quatre étudiants qui avaient fait la rencontre de Saint-Germain au cours de l'exercice de lecture parapsychique n'avaient jamais entendu parler de lui auparavant et se trouvaient dans différentes parties de la salle quand ils ont réalisé l'exercice. Saint-Germain nous faisait savoir qu'il était là, partout autour de nous. Ce jour-là, j'ai compris qu'il allait dorénavant enseigner à mes côtés à mes étudiants.

J'ai ensuite appris à connaître Saint-Germain et je sais maintenant qu'il est un maître ascensionné aimant et bienveillant qui souhaite travailler aux côtés des artisans de lumière – c'est-à-dire les gens qui veulent aider le monde à se remettre sur la bonne voie. Il offre conseils et protection, en plus de donner du courage. Si ce type d'aide vous rappelle les services offerts par l'archange Michael, ce n'est pas un hasard car ils travaillent tous deux main dans l'aile.

Aide apportée :

- Alchimie
- Capacité d'avoir de bons rapports avec les figures d'autorité et les personnes influentes
- Courage
- Direction et orientation
- Détermination des objectifs de vie
- Manifestations miraculeuses
- Persévérance
- Protection parapsychique
- Purification de l'espace

INVOCATION

D'après mon expérience, on n'invoque pas Saint-Germain, c'est lui qui se présente en premier ! Il semble se manifester partout où sont rassemblés des artisans de lumière, c'est-à-dire dans des cours de formation, des groupes d'étude ou des cercles de prière. Il travaille aux côtés des enseignants spirituels afin d'accroître leur ouverture aux autres et leur leadership.

Toutefois, cela ne veut pas dire que vous ne pouvez pas demander une sorte d'audience avec Saint-Germain si vous désirez recevoir un message de lui ou augmenter votre motivation. Vous n'avez qu'à dire mentalement : « Saint-Germain, j'ai besoin de ton aide ». Attendez un moment, puis faites-lui savoir en esprit en quoi consiste la situation pour laquelle vous avez besoin d'aide ou la question que vous désirez poser.

Vous saurez que Saint-Germain est avec vous lorsqu'une réponse créative surgira dans votre esprit. Il se peut aussi que vous aperceviez des étincelles de lumière violette dans la pièce où vous vous trouvez. Il est également possible que vous vous mettiez à voir du violet partout où vous irez ce jour-là, comme sur les vêtements des gens ou dans des bouquets de fleurs. Vous

vous mettrez aussi à entretenir ou à écrire de profondes réflexions sur la façon d'aider les autres.

Saint Jean de Dieu

(Catholicisme)

Également appelé *João* Cidade, Juan Ciudad,
père des pauvres.

S aint Jean de Dieu est le patron des personnes frappées de maladie mentale ou physique et des employés d'hôpitaux ; il aide aussi les libraires et les personnes souffrant de troubles cardiaques.

Né en 1495 au Portugal, il est baptisé João (Jean, en français) Cidade. À l'âge de huit ans, il déménage avec sa famille en Espagne. Jeune homme, il travaille comme berger, comme soldat et comme vendeur de livres itinérant. En 1538, il a une révélation après avoir entendu une prédication de Jean d'Avila sur le repentir. João abandonne alors tout son argent et toutes ses possessions matérielles, pour être ensuite hospitalisé dans l'aile psychiatrique de l'hôpital Royal.

C'est son expérience d'hospitalisation terriblement dégradante qui l'incitera par la suite à consacrer sa vie à l'amélioration des conditions dans les hôpitaux. Après avoir obtenu son congé de l'établissement où il est interné, il demeure sans logis, en proie à la désillusion, ce qui lui permet de créer de solides affinités avec les autres personnes sans abri et les oubliés de ce monde.

João travaille sans relâche afin de rejoindre les gens souffrant de maladie (mentale et physique) et soumis à des privations de toutes sortes. Au début, quand la température n'est pas clémente, il invite les personnes sans logis à venir se réfugier sous le porche de la maison d'un ami. C'est ainsi que naît l'Ordre hospitalier de Saint-Jean-de-Dieu, qui, 450 ans après sa fondation, continue d'offrir un abri à tous les déshérités de ce monde.

Dans la ville de Grenade, en Espagne, où il s'établit, João achète un bâtiment qu'il vouera au soin des pauvres, des sans-abri, des malades et des indésirables. João a la réputation de donner ce qu'il peut, de mendier pour le compte de ceux qui n'en sont plus capables et même d'aider à transporter les personnes qui ne peuvent plus se déplacer seules. Sa devise est la suivante : « *Travaillez avec acharnement. Accomplissez toutes les bonnes œuvres que vous pouvez pendant que vous en avez le temps.* » De plus, il conseille souvent les autres en citant un verset de la Bible : « *Tout ce que vous faites à l'un de ces plus petits, mes frères et sœurs, c'est à moi que vous le faites.* »

Selon la légende, quand une personne était admise à son hôpital, lui ou un membre de son personnel lavait le nouveau venu, lui donnait à manger et priait en sa compagnie. Plein d'empathie et de bienveillance, João était à l'écoute des problèmes de tous et prodiguait ses conseils en toute sincérité. Impressionnés par son dévouement et son honnêteté, bien des gens faisaient des dons à son hôpital et venaient y travailler bénévolement. Ce sont eux qui se sont mis à l'appeler « Jean de Dieu ».

Utilisant à bon escient ses entrées auprès des gens puissants, João a défendu avec succès les intérêts des pauvres afin d'améliorer leur situation. Grâce aux contributions du public et au travail de bénévoles dévoués, la mission de Jean de Dieu se poursuit encore aujourd'hui, disséminant et mettant en pratique son message d'hospitalité. Jean est décédé des suites d'une pneumonie le 8 mars 1550, après avoir sauvé un homme de la noyade. La mort l'a surpris alors qu'il priait intensément.

Saint Jean de Dieu est un joyeux luron qui respire la bonne humeur. Une simple invocation suffit à améliorer l'humeur ambiante et à réchauffer les cœurs. Il rassure les personnes déprimées ou inquiètes et les aide à se sentir en sécurité sur les plans physique, émotionnel et financier. Faites appel à lui au premier signe de tristesse, ou pour guérir un cœur brisé.

Aide apportée :

- Anxiété
- Dépression
- Guérison
- Troubles cardiaques
- Hospitalisations
- Augmentation de la joie
- Purification de l'espace
- Dévouement spirituel

INVOCATION

Saint Jean de Dieu vient à toute personne qui fait appel à lui, quelle que soit son orientation religieuse ou spirituelle. Il suffit de penser à son nom. Vous pouvez également lui demander de rendre visite à des êtres chers ou des clients qui se sentent déprimés ou anxieux. Vous pouvez aussi dire la prière suivante pour le faire venir à vos côtés :

« Saint Jean de Dieu au cœur d'or, je te demande de m'apporter la joie divine qui émane de toi. Enveloppe-moi de tes soins et de ton attention bienveillants. Aide-moi à éloigner les pensées et les attitudes pessimistes et à m'élever au-dessus des problèmes. Aide-moi à croire en l'ordre divin et à abandonner tout désir de contrôle. Aide-moi à emplir mon esprit de foi, mon cœur de joie et ma voix de rires. Guide-moi pour que je puisse poursuivre ton héritage en aidant les autres et en servant Dieu. *Amen.* »

Saint *padre* Pio

(Catholicisme)

Également appelé Francesco Forgione, padre Pio.

Né Francesco Forgione le 25 mai 1887 à Naples, en Italie, Francesco a changé son nom pour Pio, qui signifie « pie », quand il est entré, à l'âge de 16 ans, au monastère des Capucins. Par la suite, *padre* Pio s'est mis à avoir des stigmates – qui se caractérisent par l'apparition de douleurs, de blessures ouvertes ou de saignements aux endroits où les clous et la couronne d'épines ont transpercé le corps de Jésus. Les blessures et les saignements des stigmates ont continué de se manifester pendant les 50 années qui ont suivi.

Bien des gens ont affirmé avoir bénéficié de guérisons miraculeuses attribuées à *padre* Pio, tant de son vivant qu'après. Il est reconnu pour sa capacité d'aider les aveugles à retrouver la vue et de guérir toutes sortes de blessures ainsi que des maladies considérées comme incurables. Au cours de sa vie, *padre* Pio a manifesté une capacité de se trouver à deux endroits à la fois, de léviter et de prédire l'avenir avec précision. Il a également fondé un hôpital ainsi que plusieurs groupes de prière.

Saint *padre* Pio est une divinité pleine d'esprit et d'enthousiasme dotée d'un tempérament joyeux et d'une personnalité dénotant une foi profonde et un grand optimisme. Il voit les choses avec un optimisme infectieux et une simple invocation suffira à vous remonter le moral.

Aide apportée :

- Troubles de la vue, notamment la cécité
- Pardon
- Accroissement des facultés des guérisseurs
- Guérisons en tous genres
- Prophéties
- Croissance spirituelle

INVOCATION

Au cours de sa vie, *padre* Pio a réalisé de nombreuses guérisons à partir de son confessionnal. Il demandait aux gens d'admettre tout haut la vraie source de leur douleur. Vous pouvez faire de même lorsque vous demandez son intercession. Il vient en aide à tous et à toutes, sans égard à la religion ou aux croyances. Voici un exemple d'invocation :

« Bien-aimé saint *padre* Pio, je te demande de m'aider à [décrivez la situation]. J'admets que ce problème a suscité en moi des sentiments troublants comme [nommez toutes les émotions que vous pouvez]. Je suis prêt à me pardonner complètement, ainsi qu'à toutes les personnes en cause dans cette situation, et je te demande de m'aider à le faire. Aide-moi à ouvrir la voie à la lumière, à l'amour et au pardon. Merci, Dieu. Merci, Jésus. Merci, saint *padre* Pio. *Amen.* »

Sainte Thérèse

(Catholicisme)

Également appelée Thérèse de Lisieux, Thérèse de l'enfant
Jésus, petite fleur, petite fleur de Jésus.

Thérèse qui a vécu en France, est une puissante et
bienveillante sainte possédant des pouvoirs de guérison.
Vous saurez qu'elle a entendu vos prières lorsque vous verrez
des roses ou en percevrez le parfum. Née Thérèse Martin en
1873, elle est entrée au couvent à l'âge de 15 ans pour devenir
carmélite. Elle est décédée au très jeune âge de 24 ans.

Bien des gens affirment avoir été guéris après avoir prié
sainte Thérèse ou visité les lieux ou sont exposées ses reliques.
En 1897, alors que, atteinte de tuberculose, elle est sur le point
de rendre l'âme, elle promet de se manifester après sa mort par
une « pluie de roses ». Depuis ce temps, elle est associée à ces
superbes fleurs. C'est aussi pour cette raison qu'elle est la sainte
patronne des fleuristes. Toutefois, elle peut apporter une aide
dans des domaines beaucoup plus vastes, notamment celui de la
guérison physique.

On dit qu'elle a aidé de nombreux aviateurs durant la
Deuxième Guerre mondiale. Elle est donc également considérée
comme la sainte patronne des pilotes, des agents de bord et du
personnel de l'aviation militaire.

Dans son autobiographie, *L'Histoire d'une âme*, Thérèse
explique que la simplicité, de même que la confiance et l'amour
envers Dieu, sont les ingrédients essentiels pour mener une vie

heureuse et sacrée. Elle dit que ce qui importe dans la vie, ce ne sont « pas les grands accomplissements, mais l'amour ».

J'ai rencontré sainte Thérèse pour la première fois en 1994, alors que je faisais de la méditation. J'aimais tellement méditer que je passais des heures assise les yeux fermés à écouter et à jouir d'un merveilleux sentiment de paix et d'amour divin. Un jour, j'ai entendu une voix féminine s'adresser à moi. Elle a dit : « *Petite fleur* », puis a ajouté : « *sainte Thérèse* ». Comme je ne suis pas catholique, je ne savais pas qui elle était ; j'ai donc téléphoné à une église catholique de mon quartier et demandé de l'information au prêtre de la paroisse. Ce dernier m'a alors patiemment expliqué l'histoire de sainte Thérèse et son lien avec la petite fleur.

Le prêtre avait été si gentil que j'ai pu trouver le courage de lui raconter l'expérience que j'avais vécue en méditant. Il avait l'esprit très ouvert et m'a dit croire que sainte Thérèse se tenait à mes côtés en raison de mon travail de conseillère spirituelle et de guérisseuse. Il a ajouté que cette sainte vient en aide aux personnes sincères, quelles que soient leurs croyances religieuses.

Depuis cette époque, j'ai aperçu sainte Thérèse en compagnie de certaines personnes dans le cadre de mes lectures parapsychiques. Parfois, elle se tient aux côtés de femmes dont le nom est Thérèse ou Teresa. C'est merveilleux de savoir qu'elle est pour moi une compagne fidèle et constante et qu'elle fait partie de mes guides.

Aide apportée :

- Jardinage – en particulier les fleurs
- Guérison de toutes les formes de maladies ou de blessures
- Pilotes et équipages des avions
- Conseils d'ordre spirituel

INVOCATION

Les catholiques récitent habituellement la neuvaine de la rose pour obtenir la bénédiction de sainte Thérèse, mais les non-catholiques peuvent aussi demander l'aide de cette sainte pleine de bienveillance. On dit que les personnes qui pratiquent la dévotion suivante pendant une durée de 9 à 24 jours verront une rose, signe que leur souhait a été entendu et exaucé :

« Ô petite Thérèse de l'enfant Jésus, je te demande de cueillir pour moi une rose dans les jardins célestes et de me l'envoyer en guise de message d'amour. Ô petite fleur de Jésus, demande aujourd'hui à Dieu de m'accorder la faveur que je remets maintenant avec confiance entre tes mains [indiquez en quoi consistent vos demandes]. Sainte Thérèse, aide-moi à toujours croire, comme toi, en l'amour que Dieu éprouve pour moi pour que je puisse suivre ta « petite voie » tous les jours. *Amen.* »

Sanat Kumara

(Hindouisme, védisme, Nouvel Âge)

Également appelé Karttikeya, Sumara, Skanda-Karttikeya.

Kumara est un dieu guerrier qui s'emploie à débarrasser les êtres et la Terre des entités négatives et des énergies inférieures.

Il existe d'innombrables légendes racontant la création de Kumara, qui ont toutes un élément en commun, soit sa relation particulière au chiffre six – peut-être en raison du talent qu'il montrait à bannir les esprits négatifs. Dans une de ces histoires, on raconte que le ciel était envahi par les démons et que Shiva a utilisé son troisième œil pour engendrer six enfants qui se spécialiseraient dans la destruction des démons. Toutefois, leur mère a serré les enfants dans ses bras avec tant d'amour et de ferveur qu'ils se sont fondus en un seul corps doté de six têtes.

Les hindous révèrent Kumara, qu'ils considèrent comme un leader parmi les dieux, capable de bannir les ténèbres de l'esprit et de l'âme des humains. Son combat contre les démons est pris dans le sens métaphorique, symbolisant sa lutte acharnée contre l'ignorance.

Dans les cercles du nouvel âge, on le considère comme un membre de la Grande fraternité blanche et on dit qu'il travaille aux côtés de Jésus et de l'archange Michael pour aider la planète ainsi que sa population dans le processus d'ascension. Sanat Kumara a dit :

« *Le pouvoir est mon domaine de prédilection – le pouvoir de chacun et de tous… Je désire que les gens de partout reprennent possession de leur pouvoir personnel, directement de la source de toute chose. Par ma réalisation du grand tout, je suis capable d'accéder à sa plénitude et de puiser à même sa réserve de pouvoir, que je distribue ensuite à tous et à toutes. En illuminant les masses grâce à ce pouvoir personnel, j'infuse une bonne dose de justice et de grâce dans le monde. Personne ne peut transgresser vos limites personnelles quand vous savez que votre source de pouvoir est illimitée et que vous pouvez y accéder sans aucune entrave. Appuyez-vous sur cette certitude et ne craignez jamais d'exercer vos droits dans toutes les situations qui exigent que vous fassiez preuve de force.* »

Aide apportée :

- Capacité de surmonter l'*ego*
- Atténuation de la fatigue
- Travail de guérison
- Purification de l'espace
- Purification de l'esprit
- Connaissance et illumination spirituelle

INVOCATION

Kumara est un esprit puissant qui dégage une énergie primitive, indigène, comme un intense sorcier. Quand vous faites appel à lui, il répond à la vitesse de l'éclair avec une énergie puissante et bienveillante. Si vous vous sentez fatigué, faites appel à son aide :

« *Sanat* Kumara, je te demande de m'apporter ta puissante énergie afin de me remonter le moral et de stimuler ma vitalité. Aide-moi à m'élever au-dessus des pensées et des émotions négatives, comme un oiseau qui plane au-dessus des sombres nuages. Je te demande de m'aider à accéder à la source réelle et éternelle de toute énergie. Éloigne les esprits et les énergies inférieures qui sont en moi et autour de moi et imprègne-moi d'une lumière divine propice à la guérison. »

Respirez profondément pendant que Kumara se met au travail. Après quelques minutes, vous vous sentirez ravivé et rafraîchi.

Sedna

(Peuples inuits)

Également appelée Ai-willi-ay-o, Nerivik.

Diverses légendes racontent que Sedna a fait une chute (ou a été poussée) du bateau de ses parents et que les parties de son corps démembré ont donné naissance aux lions de mer et à d'autres créatures marines. Sedna est considérée comme la créatrice de tous les habitants des fonds marins, la déesse suprême de la mer.

Sedna exaucera les vœux de ceux et celles qui vont à la mer pour lui demander des faveurs avec amour, honnêteté et délicatesse. Comme elle a des liens étroits avec l'eau et les dauphins, elle intervient dans la sphère de l'intuition et introduit des messages sur les dauphins dans les rêves des gens.

J'ai invoqué Sedna alors que j'étais assise dans une embarcation voguant au milieu de l'océan Pacifique, près d'Hawaii. Même si elle est prête à apporter son aide et à donner des conseils dans n'importe quel lieu, j'ai tenu à la rencontrer dans son domaine afin de lui demander de transmettre un message pour le présent livre. Voici ce qu'elle m'a dit :

> *« Je suis la maîtresse du vaste océan, qui a une influence magique sur votre atmosphère. Le climat se forme à partir des courants marins, de l'humidité et les vents. Il faut procéder avec prudence quand il s'agit des soins et de la protection à apporter à cette vaste étendue d'eau.*

En plus de vous abstenir de déverser vos déchets dans la mer, vous devez, devez, devez à tout prix cesser immédiatement d'utiliser des produits nettoyants ! L'eau elle-même suffit à assurer la propreté ambiante – sa pureté, sa bienfaisance inhérente et sa capacité de donner la vie peuvent être mises à profit en lieu et place des détergents pour faire disparaître la crasse. L'eau chaude à elle seule réussit à éliminer les germes – il est donc inutile d'employer des désinfectants qui polluent les cours d'eau et l'atmosphère de cette grande planète, la dernière qui reste. Permettez-moi de vous aider à remplacer vos soucis et vos inquiétudes par des aventures magiques se déroulant sous l'eau, que je peux vous transmettre durant vos rêves. Faites appel à moi au moment que vous choisirez si vous avez des demandes et remettez entre mes mains vos tracas et vos préoccupations. Je les engloutirai dans mon océan caverneux et les nettoierai jusqu'à ce que soit révélée la source première de vos inquiétudes… et que vous soyez guéri. Prenez bien soin pour moi de mes chéris, les lions de mer, les dauphins et les poissons. »

Aide apportée :

- Abondance – en particulier des réserves de nourriture
- Droits des animaux – en particulier des créatures marines, des poissons et des oiseaux
- Dauphins et baleines
- Rêves et intuition
- Exaucement de vœux lorsque vous êtes dans l'océan
- Guérison des mains et des doigts
- Dissipation des ouragans
- Préservation de l'océan
- Protection à l'occasion d'activités de natation, de voile ou de surf

INVOCATION

Il vaut mieux communiquer avec Sedna quand vous êtes à proximité d'un cours d'eau ou dans l'eau, car c'est là son domaine. Adressez-lui les paroles suivantes :

« Très chère Sedna, déesse des eaux, je désire établir un lien avec toi à partir de mon intuition et à l'intérieur de mes rêves. Je te demande de me transmettre un message clair à propos de [indiquez la situation pour laquelle vous avez besoin d'aide]. S'il te plaît, fais entrer les dauphins dans mes rêves et aide-moi à découvrir la vérité en ce qui a trait à cette situation. Merci. »

Serapis Bey

(Égypte, Grèce, nouvel âge)

Également appelé Serapis, Apis, Asar-Apis, Osiris-Apis.

Cette divinité était à l'origine un dieu égyptien de l'au-delà nommé Serapis qui était chargé, à Louxor, de tout ce qui touchait l'ascension. Dans les cercles du nouvel âge, on l'appelle Serapis Bey. Il aide les gens à se diriger vers l'ascension en passant par l'illumination spirituelle. En raison de son intérêt pour les questions de beauté et d'esthétique, Serapis Bey motive les gens à se remettre en forme physique et à mener une vie saine. Il les aide également à se préparer aux changements qui, selon les prophéties, sont sur le point de survenir. Comme un gourou de la forme spirituelle, il inspire, motive et donne de l'espoir en l'avenir.

Serapis Bey aide aussi les artistes et les musiciens à réaliser leurs projets créatifs. Maître ascensionné extrêmement bienveillant, il s'emploie activement à prévenir les guerres et à maintenir la paix sur Terre.

Depuis longtemps, j'éprouve une affinité et une affection particulières pour Serapis Bey, que je considère comme un merveilleux *coach*. Il exige avec amour que nous donnions le meilleur de nous-mêmes et nous incite à prendre exceptionnellement bien soin de notre corps. Si vous commencez à travailler avec lui, attendez-vous à recevoir des conseils sur l'exercice et la nutrition. Il a dit :

« *Une fois de plus, nous sommes réunis, comme ce fut le cas avec nombre d'entre vous tant de fois auparavant. Vous êtes ici pour une autre initiation, n'est-ce pas ? Pour franchir un autre échelon vers l'ascension. Je suis ici pour vous aider à déterminer avec précaution et prudence quelle devrait être votre prochaine démarche. Beaucoup d'entre vous procédez avec une telle précipitation que vous devenez incapables d'entendre votre guide intérieur. Vous devez aménager des espaces silencieux pour vous-mêmes. Éloignez-vous du rythme frénétique de la vie et du vacarme ambiant à intervalles réguliers. Une brève pause suffira à vous rafraîchir et à vous remettre en contact avec la voix que vous aimez de tout votre cœur, celle en qui vous avez pleine confiance. Lorsque vous vous éloignez ou vous coupez de cette voix, vous commencez de vous sentir angoissé et d'avoir peur, sans trop savoir pourquoi. Vous devenez perdus et confus, comme des enfants que l'on arracherait du sein de leur mère. Faites de la voix votre priorité absolue et qu'elle soit pour vous une amie solide avec qui vous ne perdez jamais contact. Si vous êtes incapables d'entendre la voix, cela signifie tout simplement que vous devez demeurer tranquilles et silencieux pendant un moment, jusqu'à ce que vous repreniez contact avec cette source intérieure de conseils et de direction.* »

Aide apportée :

- Élimination des dépendances et des besoins obsessionnels
- Artistes, musiciens et projets créatifs
- Ascension
- Communication claire avec Dieu
- Motivation à faire de l'exercice et à perdre du poids
- Paix, personnelle et mondiale
- Prophétie

INVOCATION

Serapis Bey est à l'écoute chaque fois que vous avez besoin d'une attention bienveillante, de conseils d'ordre spirituel ou de paix et de tranquillité. Maintenez mentalement l'intention de communiquer avec lui, puis arrêtez-vous un moment, fermez les yeux et prenez quelques profondes respirations. Tout en inhalant, pensez à vos désirs et en exhalant imaginez que vous vous délestez de toutes vos préoccupations. Vous sentirez ou percevrez la présence de Serapis Bey à vos côtés, reflétant le rythme de votre respiration. À l'occasion, vous entendrez sa voix ou percevrez des pensées provenant de lui.

Ne vous en faites pas, Serapis Bey n'entravera pas votre libre arbitre. Toutefois, il vous donnera des directives et des conseils clairs sur les façons de vous améliorer, tout en vous procurant la motivation pour y arriver. Pour toute démarche exigeant énergie et concentration, faites appel à lui.

Salomon

(Judéo-christianisme)

Également appelée roi Salomon.

Dans les années 900 av. J.-C., Salomon était roi d'Israël, ayant hérité du trône de son père, le roi David. Contrairement à ce dernier, doté d'une personnalité intense, Salomon était considéré comme un homme doux et sage qui combinait principes de l'alchimie et du mysticisme judaïque, bon sens et sagesse. Salomon a joué un rôle important à bien des égards dans les progrès accomplis par Israël sur les plans gouvernemental et architectural. Parmi ses principales réalisations figure la construction, sous sa gouverne, du temple de Dieu, qui abritait l'Arche d'Alliance.

Le livre 1 Rois, dans la Bible, fait référence à la sagesse remarquable de Salomon :

« La sagesse de Salomon surpassa la sagesse de tous les fils de l'Orient et toute la sagesse de l'Égypte. Il fut le plus sage des hommes… De tous les peuples… des gens vinrent pour entendre sa sagesse. »

Des passages de la Torah, des Évangiles et des anciens textes judaïques font référence aux talents de Salomon en matière d'exorcisme et de magie. Un manuscrit grec remontant au XVe siècle intitulé *Le Testament de Salomon* décrit son utilisation d'un anneau magique (appelé « anneau de Salomon »), sur lequel était gravée une étoile de David. Les chercheurs indiquent qu'à l'origine l'étoile à six pointes était associée à la kabbale, à la haute magie et au mysticisme pythagoricien. Salomon a probablement contribué à faire de cette étoile le symbole d'Israël et du judaïsme.

Le Testament de Salomon contient aussi l'un des nombreux comptes rendus de Salomon domptant des démons dans le but de les bannir et de les maîtriser pour en faire des « esclaves spirituels » qui exécutaient des tâches exigeant des aptitudes en magie. Les textes portant sur Salomon racontent habituellement qu'il a banni et maîtrisé 72 démons, chacun ayant un nom et une fonction précis. Avant de quitter la dimension terrestre, toutefois, Salomon a neutralisé ces 72 démons pour s'assurer qu'ils ne fassent de mal à personne.

Salomon a réalisé une ascension jusqu'à un niveau si élevé qu'il se peut que vous ne sentiez pas sa présence lorsque vous ferez appel à lui. En fait, ce sont les sphères élevées de votre conscience qui entreront en communion avec sa sagesse universelle. Salomon est un vieux sage qui ressemble à l'archétype du dieu qui voit tout et entend tout. Il sait déjà qui vous êtes, quelle est votre mission divine et comment vous pourriez faire les choses mieux et plus efficacement, et il vous aidera à améliorer différents aspects de votre vie. Sa démarche pourra sembler intimidante ou agaçante à certaines personnes, qui auront tendance à l'assimiler à une lutte de pouvoir, mais les personnes sages seront ouvertes à son assistance.

Salomon a dit :

> « *La poésie est le sel de la vie. La poésie, c'est de l'art en mouvement. Nous n'aspirons pas à accumuler des connaissances, mais plutôt à acquérir la capacité de vivre notre vie d'une façon plus grandiose, plus fluide et plus aristocratique. Nous cherchons à maîtriser, grâce à l'aide de Dieu, nos démons intérieurs et à mettre fin à tous les excès pour pouvoir réellement régner sur notre domaine grâce à notre pouvoir princier. Prenez possession de toutes vos facultés. Mesurez-vous directement à vos dépendances et à vos mauvaises* »

habitudes et soyez libre – libre de régner, libre de vivre et libre de suivre vos élans intérieurs sans aucune entrave. »

Aide apportée :

- Compréhension kabbalistique
- Magie divine
- Joie
- Manifestations
- Purification de l'espace
- Purification de l'esprit
- Sagesse et compréhension

Invocation

Faites appel à Salomon pour qu'il vous vienne en aide dans toute situation difficile ou apparemment impossible à surmonter. En tant que magicien divin, il enverra vers vous de l'énergie sacrée afin de vous soutenir :

« Salomon, Salomon, j'ai besoin de ton aide et de ton assistance, s'il te plaît, et j'en ai besoin maintenant. Viens vers moi et éclaire de ta lumière cette situation [décrivez la situation]. Fais que les chaînes de la peur et de la rancune se relâchent. J'ai besoin d'un miracle pas plus tard qu'aujourd'hui. Aide-moi à résoudre ce problème et à m'extirper des tranchées obscures. Merci de ta sagesse et de ton courage, et de trouver la solution parfaite à cette situation problématique. »

Sulis

(Grande-Bretagne)

Également appelée Sul, Sulla, Sulevia, Sulivia.

Cette déesse ancienne des eaux et de la guérison, dont le sanctuaire était érigé à Bath, ville d'eaux située dans le sud de l'Angleterre, porte un nom qui signifie « œil » et « voir ». Il est donc logique qu'elle intervienne dans les domaines de la vision physique et parapsychique. Comme l'œil est associé à l'astre du jour, Sulis est considérée comme une déesse du Soleil, ce qui est rare car ce sont habituellement des déités masculines qui sont associées au Soleil, alors que les déités féminines règnent plus souvent sur la Lune et les étoiles. Cette affinité avec le Soleil découle probablement du rapport particulier qu'entretient Sulis avec les sources chaudes.

Sulis veille sur toutes les étendues d'eau associées à la guérison, en particulier les sources chaudes naturelles. Des gens de tous les coins du monde se rendent à Bath pour boire l'eau de la fontaine de Sulis au centre d'un restaurant de la station thermale. Cette eau est riche en soufre et constitue, de l'avis de bien des gens, une véritable fontaine de jouvence. J'ai conversé avec Sulis près de Bath, et voici ce qu'elle m'a dit :

« C'est moi que vois avez aperçue dans l'arc-en-ciel qui se déployait au-dessus de Stonehenge. J'existe dans les reflets prismatiques des gouttelettes d'eau, manifestation de la lumière divine que renferment toutes les eaux et qui se trouve même dans l'oxygène. Les plantes me tiennent

à cœur et, oui, pour répondre à votre question, je peux aider les jardiniers à faire pousser n'importe quoi, qu'il s'agisse de produire des récoltes exceptionnelles ou des plantes domestiques en pleine santé. Ne vous attendez toutefois pas à ce que je débarrasse les plantes des pucerons, car je suis une horticultrice qui emploie des méthodes naturelles et qui respecte l'équilibre entre le royaume terrestre (sur lequel règnent les insectes – considérez leur grande résistance comme un reflet de leur majesté) et la communauté des plantes. »

Aide apportée :

- Bénédictions
- Clairvoyance
- Vision, physique et spirituelle
- Jardinage
- Eaux employées dans les cérémonies
- Souhaits

INVOCATION

Il est bon d'inviter Sulis à des cérémonies au cours desquelles l'eau joue un rôle de premier plan. Vous pouvez organiser une cérémonie de ce genre à la maison en faisant couler un bain chaud auquel vous ajouterez du sel de mer, des huiles essentielles et quelques pétales de fleurs. Placez des chandelles tout autour de la baignoire, faites jouer de la musique douce et installez au moins une plante en pot à proximité. Réduisez l'éclairage, allumez les bougies et prononcez la paroles suivantes quand vous pénétrez dans la baignoire :

« Sulis, ma sœur, je fais appel à ta présence bienveillante. Sulis, je te demande d'apporter ta bénédiction, ta nature attentive, ta vision spirituelle et ta beauté juvénile, et d'en imprégner les eaux qui sont à l'intérieur de moi et celles qui m'entourent. Je te demande d'aider à la réalisation de mon souhait, qui est de [souhait]. Merci, bien-aimée Sulis. Merci. »

Tara

(Bouddhisme, hindouisme, jaïsme, lamaïsme)

Également appelée Tara verte, Tara blanche.

Quand Avalokitesvara, le *bodhisattva* (être illuminé) de la compassion et de la protection, a versé des larmes qui ont formé un lac, une fleur de lotus est apparue à la surface de l'eau. Lorsque la fleur s'est ouverte, une superbe déesse du nom de Tara a émergé de son centre. Elle est le pendant féminin et l'épouse consort d'Avalokitesvara. Tara possède beaucoup de personnalités et d'aspects différents, dont chacun est représenté par une couleur donnée (Tara verte, Tara blanche, Tara rouge, Tara bleue et Tara jaune). Dans ses personnalités jaune, bleue et rouge, Tara est reconnue pour ses accès de mauvaise humeur mais, en tant que Tara blanche et Tara verte, elle est douce et très généreuse.

Tara signifie « étoile » et, tout comme les étoiles, qui permettent aux marins et aux voyageurs de s'orienter, Tara nous aide à voyager sans encombre et en toute sécurité, ainsi qu'à trouver notre chemin – que nous soyons en voyage dans un pays étranger ou au milieu d'un cheminement spirituel, ou tout simplement dans le cadre de notre vie de tous les jours.

Tara verte est reconnue comme une déesse plutôt prompte qui procure rapidement des réponses à vos questions et qui accourt à votre aide sans délai. Si vous avez besoin de toute urgence d'une assistance d'ordre physique ou spirituel, faites appel à Tara verte.

Tara blanche aide à augmenter la longévité et, si vous l'invoquez, elle contribuera à prolonger votre vie. Elle apporte également l'illumination.

Tara verte est très intense, mais elle est aussi un esprit guerrier extrêmement bienveillant. C'est une divinité pleine de bon sens qui effectue de rapides transferts d'énergie afin d'aider les personnes qui font appel à elle. Elle a dit :

« *Je règle les problèmes très rapidement en me mettant immédiatement au travail et en faisant appel à la sagesse ainsi qu'à l'action. Je vise un objectif souhaitable et je transforme les préférences en expérience.* »

En d'autres termes, elle atteint toujours son but.

En revanche, Tara blanche est douce, paisible, patiente, aimante, bienveillante et maternelle. Elle est l'essence même de la pureté. Elle aborde les problèmes avec la prière, en se concentrant sans relâche sur la beauté de l'amour divin. Son regard déborde de gratitude, de joie et d'amour. Elle n'éprouve et ne voit que de l'amour et c'est donc ce sentiment qui prédomine en sa présence. Elle a dit :

« *Je suis ici pour faire pencher les cœurs loin des soucis. Je suis pleine d'amour et je déborde de joie, ce qui a un effet apaisant sur les gens dont j'arrive à toucher l'existence. C'est avec plaisir que je répands du bonheur à perte de vue.* »

Aide apportée (tant par Tara verte que par Tara blanche) :

- Compassion
- Protection
- Enlèvement et évitement des obstacles

Aide apportée (Tara verte) :

- Aide urgente
- Capacité de surmonter la peur
- Compréhension et réflexion

Aide apportée (Tara blanche) :

- Illumination
- Longévité

INVOCATION

Tara verte : Assoyez-vous tranquillement et méditez sur la couleur verte tout en récitant : « *Om Tare, tuttare ture svaha* », ce qui signifie :

« Tara, prompte déesse salvatrice, je te demande de me libérer de toute forme de souffrance et de tout sentiment d'emprisonnement et de m'aider à vivre une spiritualité équilibrée. »

Tara blanche : Assoyez-vous tranquillement, respirez profondément et méditez sur la couleur bleue du ciel. Puis adressez cette prière à Tara blanche :

« Tara blanche, s'il te plaît, fais en sorte que je sois comme toi, c'est-à-dire rempli de compassion et de grâce. Je suis toi, Tara blanche. Je suis Tara. Je suis Tara. »

Vous serez alors envahi par un sentiment de joie, de compassion et d'amour chaleureux et débordant.

Thot
(Égypte)

Également appelé Aah, Aah Tehuti, Djéhouty,
Tehuti, Thout, Zehuti.

Dieu égyptien de la haute magie, des manifestations, des symboles, de la géométrie, de l'écriture, de la musique et de l'astronomie, Thot était le scribe des dieux et il a écrit de nombreux livres sur les secrets hermétiques de la magie et des manifestations. Selon la légende, il aurait rédigé l'un de ses ouvrages, *Les Tables d'émeraude*, alors qu'il était prêtre-roi dans l'Atlantide. Après avoir survécu à la destruction de la ville en emportant son précieux livre, Thot a fondé une colonie égyptienne en s'inspirant de la sagesse atlante.

On dit que les symboles élaborés par Thot sont à la base de la franc-maçonnerie moderne et qu'il aurait conçu un grand nombre des temples et des pyramides d'Égypte.

On dit aussi que Thot réalisait des matérialisations et des guérisons en faisant appel aux chants, aux harmonies et aux sons, de même qu'à la géométrie sacrée, au symbolisme et à l'arithmétique. Il a enseigné à Isis, déesse de la Lune, les principes de la haute magie et on lui attribue l'invention de l'écriture dans l'ancienne Égypte.

Il a dit :

« Vous parlez de l'Atlantide comme si elle représentait l'apogée des connaissances humaines, alors que des cultures beaucoup plus avancées ont existé sur cette

planète et au-delà. J'ai participé à plusieurs de ces cultures et je continuerai de le faire par souci de rendre service, mais aussi par esprit sportif et d'aventure. La race humaine s'approche rapidement du point d'arrivée et il est temps pour vous tous de vous retirer et de rentrer à la maison. Ce sont le cycle naturel et l'évolution normale de toute grande culture – atteindre son apogée puis s'éclipser, comme les saisons de la vie elle-même. Expansion, retrait, expansion, retrait. Ne craignez aucune de ces deux routes, car vous [il entendait par là tout le monde] *les parcourrez en toute sécurité. Vous serez applaudi pour votre participation, qui exige beaucoup de courage et de bravoure. Mes paroles ne visent pas à vous alarmer face à une éventuelle annihilation de masse, mais à vous faire comprendre une nécessité : Votre technologie doit changer et être déployée dans les airs plutôt que sur Terre. Les stations aériennes sont capables de résister à l'impact de vos courants électriques, alors que la terre et l'eau en souffrent grandement. Transférez vos sources d'électricité à des installations satellites avant que le monde entier ne sombre dans les ténèbres en raison d'une surcharge. En ce moment, vous avez presque atteint votre capacité maximale. Réduisez mmédiatement votre dépendance à la technologie et retournez à des conditions plus naturelles. C'est la façon la plus paisible de se sortir de cette expérience. Le confort moderne a rendu un grand nombre d'entre vous gras, paresseux et amorphes. Levez-vous et réalisez votre potentiel ! Mettez-vous en forme, tous et toutes ! Je ne cherche pas à vous réprimander, mais à vous motiver avec mon plus profond sens de l'honneur, avec amour et respect. »*

Aide apportée :

- Magie divine

- Détermination des objectifs de vie
- Mathématiques
- Prophétie et divination
- Capacités parapsychiques
- Géométrie sacrée
- Enseignement
- Écriture

INVOCATION

Faites appel à Thot chaque fois que vous avez besoin de conseils relativement au domaine parapsychique, ou lorsque vous devez avoir recours à la magie divine pour résoudre une situation problématique. Comme le nom de Thot est un peu bizarre, il se peut que sa simple mention à l'occasion de votre invocation vous fasse sourire. Ne craignez surtout pas d'insulter Thot, car il apprécie ce type d'hilarité et de joie. Prononcez les paroles suivantes à haute voix ou mentalement :

« Bien-aimé Thot, j'invoque ton nom en tant qu'étudiant des secrets divins, que tu enseignes avec tant d'amour. Merci de tes conseils et de ton enseignement dans la résolution de [décrivez la situation pour laquelle vous avez besoin d'aide]. Je te demande de m'aider à m'ouvrir au pouvoir pour qu'il circule en moi comme dans un canal divin. Merci, maître. Merci, Thot. »

Vesta

(Rome, nouvel âge)

Également appelée *Hestia*, *Prisca*.

Vesta est une déesse du Soleil et du feu qui veille sur l'espace domestique et le foyer. Dans l'antiquité, une flamme sacrée brûlait en permanence en son honneur, entretenue par des vestales. On croyait que tous les feux contenaient une partie de l'esprit vivant de Vesta.

Dans les cercles du nouvel âge, on croit que Vesta travaille aux côtés d'Hélios, dieu romain du Soleil, en tant que logos solaire. Ce terme désigne les divinités qui provoquent l'éveil du corps-lumière à l'intérieur des aspirants au travail spirituel, en utilisant les rayons qui émanent de leur plexus solaire.

Vesta m'a montré une image d'elle debout dans un char aux côtés d'Apollon et traversant, comme chaque soir, les espaces célestes remplis d'étoiles pour venir nous visiter, nous les habitants de la Terre, et nous border dans nos couvertures. Je l'ai vue nous bénir pour nous protéger et envelopper chacun et chacune d'entre nous de sa compassion, car elle comprend à quel point le travail que nous avons à accomplir est difficile. Elle ressemble à l'archange Haniel, qui nous illumine avec de la poudre d'étoile pour que nous nous rappelions nos pouvoirs et nos qualités magiques.

Aide apportée :

- Lumière divine – accroissement de son volume, de sa brillance et de sa visibilité
- Maîtrise du feu
- Foyer – l'emplir de chaleur et d'amour
- Éveil et maintien de la passion
- Protection – en particulier des enfants
- Purification de l'espace

INVOCATION

Il est particulièrement approprié d'inviter Vesta dans votre foyer s'il y a eu récemment des frictions entre les personnes qui y vivent. Vesta peut dissiper les énergies génératrices de peur et de colère, ce qui réduira la possibilité de conflits dans l'avenir. Elle introduira chez vous un sentiment de chaleur, d'amour et de tranquillité qui réconfortera toutes les personnes qui pénétreront dans la maison.

Comme Vesta est la déesse du foyer et de l'âtre, une bonne façon de l'appeler consiste à allumer un feu ou une bougie. En allumant la flamme, adressez-lui ces paroles :« Vesta bien-aimée, je te demande d'apporter ta flamme d'amour divin dans ce foyer et d'allumer le feu de la gentillesse, de la compassion et de la compréhension à l'intérieur de toute personne qui habite dans cette maison ou qui la visite. Aide-nous à brûler toutes les peurs à propos de l'amour et à nous sentir au chaud et en sécurité. »

Vywamus

(Nouvel âge)

Vywamus est un enseignant spirituel ascensionné et un guérisseur qui aide les artisans de lumière à éveiller leur pouvoir intérieur et leurs aptitudes spirituelles, de même qu'à découvrir leurs objectifs de vie. Les enseignants du nouvel âge disent que Vywamus est un aspect holographique du moi supérieur de *Sanat* Kumara, mais Vywamus et *Sanat* Kumara fonctionnent comme deux individus distincts même s'ils constituent des aspects d'une même personne. (Ne faisons-nous pas toutes et toutes partie d'un même tout ?).

Vywamus est un guide rempli de bienveillance et de compassion qui apporte une aide rapide pour tout ce qui concerne la guérison émotionnelle, mentale, physique et spirituelle. Il aide les artisans de lumière à faire face à leurs zones d'ombre, de manière à mieux les illuminer de lumière.

Morgan Ki'ilehua, une de mes amies, a vécu de nombreuses expériences avec Vywamus. Voici ce qu'elle m'a raconté :

« Pendant de nombreuses années, quand je méditais, j'apercevais toujours cet homme. Que je médite à la maison, en m'inspirant d'un CD de méditation guidée ou dans un groupe de méditation au domicile d'un des participants, cet homme était toujours là. Ce que je trouvais particulièrement troublant, c'est qu'il apparaissait chaque fois de la même façon. Très grand et mince, il se tenait debout en face de moi. Ses cheveux blancs, coupés au carré, lui arrivaient aux épaules et il portait une longue tunique bleue et blanche. Son visage était rasé de près et il avait un petit nez pointu ainsi que de petits yeux patients et doux. Son âge ? Quelque part dans la cinquantaine. Jamais il ne prononçait une parole et jamais nous ne communiquions de quelque façon que ce soit, mais j'avais l'intense certitude qu'il était un maître plein de sagesse. Ce manège s'est poursuivi pendant des années. Aujourd'hui, je sais qu'il s'agissait de Vywamus. Il y a plusieurs années, j'ai rencontré une femme du nom de Saemmi Muth qui m'a affirmé servir de canal à une entité appelée Vywamus. Elle m'a dit que les messages reçus de cette entité étaient publiés depuis environ 15 ans dans le *Sedona Journal of Emergence*. J'ai pris rendez-vous avec elle pour une séance privée sans trop savoir pourquoi et même si je ne croyais pas trop à tout ça. Au cours de la séance, Vywamus a dit des choses qui me dépassaient complètement. À cette époque, je ne pouvais pas comprendre ce qu'il racontait sur les rayons, les dimensions, la hiérarchie spirituelle et ma fréquence vibratoire. Je me suis contentée de demeurer assise à écouter, impressionnée mais toujours sceptique, puis j'ai dit à Vywamus : "J'aurais deux questions qui portent sur le plan physique." Vywamus m'a alors répondu : "*Vous voulez avoir des nouvelles de votre père et de votre mari.*" "Oui", ai-je répondu. "*Votre père va bien, il suit une leçon*" [mon père avait fait la transition dans l'au-delà quatre années auparavant]. Nous avons brièvement discuté de tout ça, puis Vywamus a dit : "*Votre mari va bien, lui aussi ; il s'est trouvé en face d'une porte de sortie et a choisi de ne pas l'emprunter.*" (Mon mari, Alex, avait eu un accident vasculaire cérébral et une crise cardiaque foudroyante quelques mois auparavant et les médecins m'avaient dit qu'il ne passerait pas la nuit, mais il est encore des nôtres.) Cette partie de la séance a constitué pour moi une preuve que le processus était valide car Saemmi ne savait rien de mon père ni de mon mari. J'étais convaincue ! Par la suite, un groupe Vywamus a commencé de se réunir chez moi une fois par semaine. Nous étions cinq ou six. Saemmi faisait venir Vywamus et le groupe lui posait des questions. Nous avons connu des soirées très intenses et très éclairantes. Vywamus m'a encouragée à devenir moi-même un canal. La plus grande partie de ma formation m'a été donnée par Vywamus, par l'intermédiaire de Saemmi. L'une de ces séances a été particulièrement déterminante pour moi. Peu de temps avant notre journée de formation, Saemmi m'a téléphoné pour m'informer que Vywamus voulait que j'écrive sept questions préalablement à notre séance. Je pouvais poser toutes les questions que je voulais. Le jour de notre rencontre, mes sept questions étaient prêtes. Nous nous sommes assises autour de la table et Saemmi a fait venir Vywamus comme d'habitude. Vywamus m'a alors demandé si j'étais prête à poser mes questions. J'ai répondu oui et ai commencé de lire ma liste. C'est alors qu'il m'a arrêtée et m'a dit : *"Canalise-moi et obtiens les réponses de cette façon."* Confiante de posséder les capacités nécessaires, j'ai moi-même fait venir Vywamus pour qu'il parle à travers moi, puis j'ai posé mes questions et obtenu des réponses. Avec l'aide de Vywamus, je dirige depuis deux groupes de méditation par semaine, je donne des ateliers sur la communication avec les esprits et le développement parapsychique et j'ai réalisé trois CD de méditation guidée. Le cheminement que j'ai réalisé avec Vywamus a été fascinant, enthousiasmant et informatif. Je ne pourrais plus imaginer ma vie sans lui. Je suis en communication constante avec cet être cosmique bienveillant et merveilleux. Toute personne qui le désire peut canaliser

Vywamus, car il est à notre disposition à toutes et à tous. Ouvrez votre cœur, fiez-vous à votre intention divine et restez tout simplement à l'écoute. »

Aide apportée :

- Direction
- Encouragement et inspiration
- Guérison – spirituelle, émotionnelle et physique
- Découverte de ses objectifs de vie – tous les aspects de ce processus
- Motivation et élimination de la tendance à tout remettre à plus tard
- Découverte de ses talents

INVOCATION

Comme je l'ai mentionné plus haut, mon amie Morgan Ki'ilehua donne des ateliers au cours desquels on apprend comment communiquer avec Vywamus. Vous trouverez ci-après une invocation qu'elle utilise avec ses étudiants. Elle m'a dit qu'on peut employer cette invocation pour des canalisations, des séances privées en tous genres ou pour communiquer personnellement avec Vywamus. Elle a aussi précisé que l'invocation est particulièrement efficace juste avant le coucher, ou lorsqu'on désire établir une communication personnelle à une fréquence vibratoire supérieure.

Vywamus est électrique et sa couleur est le bleu. Au cours du processus d'invocation, il se peut que vous éprouviez des picotements dans les bras, les mains ou les jambes. Il se peut aussi que vous ayez l'impression qu'un courant électrique se déplace à l'intérieur de vous. Il est aussi possible que vous ayez la sensation de tourner en spirale, ou que vous aperceviez des reflets d'un bleu électrique. Souvenez-vous que nous sommes des êtres électromagnétiques et donc que vous ne courez aucun danger. Si, pour une raison ou pour une autre, vous éprouvez une sensation d'inconfort, demandez tout simplement que le processus devienne plus confortable pour votre être physique.

Premièrement, fermez les yeux et concentrez-vous sur votre respiration. Portez attention à votre être intérieur. Imaginez que vous allez chercher dans l'Univers un nuage d'un bleu électrique. Ajoutez-y du blanc et, si vous voulez, un peu de rose pâle. Laissez ce nuage bleu vous entourer pour que vous vous sentiez complètement enveloppé par lui. Prenez votre temps, de manière à vous sentir comme si vous étiez dans un cocon à l'intérieur du nuage bleu électrique.

Quand vous êtes prêt, verbalisez votre intention de canaliser Vywamus. Vous pouvez par exemple prononcer les paroles suivantes :

« Vywamus, je suis ouvert à canaliser ton énergie et à recevoir tes conseils. »

Vous pouvez poser toutes les questions que vous voulez. Gardez à l'esprit que Vywamus ne travaille pas à la manière d'un clairvoyant, mais constitue plutôt un maître spirituel de haut niveau.

Yogananda

(Inde, Amérique de Nord)

Paramahansa Yogananda est un yogi indien né en 1893. En 1920, à la demande de son maître Babaji, Yogananda se rend en Amérique pour faire connaître à l'Occident le *kriya yoga* et sa pratique. Il écrit alors la très populaire *Autobiographie d'un yogi* et ouvre partout dans le monde des Self-Realization Fellowship Centers (SRF) (centres voués aux enseignements liés à la réalisation de soi). Dans les activités de ses centres, dans ses livres et dans ses enseignements, Yogananda mélange les principes spirituels orientaux et occidentaux et, dans nombre de ses écrits, il présente Jésus-Christ comme un exemple d'amour, de compassion et de pardon. (En fait, Jésus est l'un des six gourous des SRF, les cinq autres étant Yogananda, Krishna, Babaji, Lahiri Mahasaya et Sri Yukteswar.) Yogananda, comme Babaji, enseigne que toutes religions émanent d'une même unité.

L'héritage de Yogananda comprend l'introduction du yoga en Amérique du Nord et l'enseignement de la méditation et des chants aux Occidentaux. Tous ses enseignements visent à créer une communication et des liens empreints d'amour avec Dieu ainsi qu'à apprendre à vivre une vie heureuse et saine.

Yogananda a quitté la dimension physique en 1952, mais il continue d'enseigner, de guérir et de guider les gens, car il fait partie des maîtres ascensionnés les plus récents.

Mon grand ami Michael Wise, chanteur du groupe Angel Earth, a écrit un compte rendu de ses rapports avec Yogananda et m'a envoyé ce document deux mois avant son décès. (Michael se trouve maintenant aux côté de Yogananda, son maître bien-aimé).

« Mes relations avec Guruji Paramahansa Yogananda ont commencé au printemps de 1992, quand son livre *Autobiographie d'un yogi* m'est littéralement tombé dans les mains alors que je furetais dans les rayons d'une librairie de mon quartier. J'ai aussitôt acheté le livre, dont le contenu m'a grandement enthousiasmé. Je me suis alors adressé à l'un des centres de réalisation de soi et j'ai commencé d'apprendre la technique de méditation du *kriya yoga* élaborée par Yogananda. Un matin d'hiver de l'année 1994, aux environs de 4 h 30, alors que je faisais ma séance quotidienne de méditation avant d'aller au travail, j'ai soudain été transporté dans un espace sacré où régnait l'amour. Grâce à ma pratique diligente de la méditation et à ma confiance dans les enseignements de Yogananda, j'avais atteint un niveau de méditation que je n'avais jamais connu auparavant. En l'espace de ce qui m'a semblé un instant, je me suis trouvé dans un lieu empreint d'une sereine beauté : une pièce gorgée de soleil dotée d'une énorme fenêtre en forme de voûte donnant sur un jardin rempli de fleurs multicolores et d'arbres, le tout baignant dans une lumière des plus éclatantes. Je suis resté là, silencieux, époustouflé par ce que je voyais, entendais et sentais. Puis, juste à gauche de la fenêtre, j'ai remarqué une petite table entourée de quatre chaises. Dans la chaise de gauche et celle qui se trouvait de l'autre côté de la table, deux figures sont soudain apparues. Elles bougeaient, semblaient vivantes et se précisaient peu à peu. Quelle n'a pas été ma surprise quand je me suis rendu compte que l'une d'entre elles n'était nul autre que Yogananda lui-même ! Il m'a regardé en souriant, puis j'ai entendu une voix prononcer mon nom – c'était l'autre personnage, dont l'image s'est précisée tout d'un coup. *"Michael"*, a dit la voix, et c'est alors que j'ai reconnu l'autre personnage : Il s'agissait de Jésus ! Jésus a prononcé mon nom de nouveau, puis m'a dit doucement, en souriant : *"Sois comme un enfant qui joue."* Yogananda s'est alors penché vers moi et a ajouté : *"… et continue d'étudier mes enseignements !"* Les deux hommes m'ont ensuite souri, puis je suis retourné doucement à la maison, dans mon studio situé au sous-sol. Au moment où j'écris ces lignes, en mai 2002, cette expérience est toujours très présente dans ma mémoire. Depuis, Yogananda et Jésus ont été constamment à mes côtés dans mon cheminement d'éveil de l'esprit. Ils sont avec moi en ce moment et le demeureront à jamais car nous vivrons ensemble cette expérience de transformation qui se déroule ici sur Terre. »

Aide apportée :

- Communication claire avec Dieu
- Amour divin
- Guérison – spirituelle, émotionnelle et physique
- Paix, personnelle et mondiale
- Unité des croyances religieuses
- Pratique du yoga

INVOCATION

Yogananda participe très activement aux affaires mondiales et il répondra à l'appel de quiconque désire contribuer à l'avènement de la paix sur Terre. La meilleure façon de communiquer avec Yogananda est par la méditation. Méditez tout en répétant mentalement le mot *amour*, avec l'intention claire de lui parler. Il se peut que vous ayez une vision mentale de Yogananda et que vous conversiez avec lui. Au cours de cette conversation, vous pouvez lui demander des conseils divins sur votre cheminement spirituel, lui poser des questions ou lui faire part de vos préoccupations.

PARTIE II

Invocations pour des besoins et des problèmes précis

Prières servant à communiquer avec plusieurs divinités pour répondre à des besoins spécifiques

L es prières présentées ici sont ni plus ni moins que des suggestions. Elles ne représentent qu'une des nombreuses façons d'invoquer les déités régissant le domaine dans lequel vous avez besoin d'aide. Je vous suggère de commencer par essayer ces invocations telles quelles, puis de prendre note des résultats. Par la suite, quand vous prierez, vous pourrez modifier certaines formulations en écoutant votre guide intérieur.

Il est inutile d'employer des tournures élaborées ou poétiques pour invoquer une divinité. Tous ce que vous avez à faire, c'est de prononcer mentalement son nom et de lui demander de l'aide en ce qui a trait au problème ou à la situation qui vous préoccupe. Vous pouvez utiliser la liste présentée en troisième partie pour savoir en un clin d'œil quelles sont les divinités qui se spécialisent dans le domaine particulier qui vous intéresse. Il vaut mieux dire une simple prière dès que vous sentez que vous avez besoin d'aide, au lieu d'essayer de trouver la prière « parfaite ». Moins vous tarderez à demander de l'aide, plus la situation sera facile à résoudre. Cela équivaut à alerter les pompiers aussitôt qu'on aperçoit de la fumée au lieu d'attendre et de risquer d'être aux prises avec un incontrôlable brasier.

Lorsque vous dites une prière, il importe de garder à l'esprit la question ou la situation pour laquelle vous demandez de l'aide. Vous pouvez réciter la prière soit mentalement, soit à haute voix. Comme ces prières sont encore plus efficaces si vous en avez le texte entre les mains, vous pouvez photocopier les pages du présent livre où se trouve la prière pertinente ou la recopier à la main. Dites chaque prière à trois reprises, en étant pleinement conscient de chaque mot, puis mettez le texte de la prière dans un endroit spécial comme sur votre autel, à l'intérieur du rebord d'une fenêtre qui se trouve du côté de la Lune ou sous votre oreiller ou votre lit.

Lorsque vous avez terminé votre prière, remerciez les divinités de leur aide. Communiquez mentalement souvent avec elles. Comme elles demeurent à votre disposition pendant que votre situation est en cours de résolution, il est sage de leur demander conseil, de leur parler de vos réussites et de vos difficultés ainsi que de leur poser des questions.

Vous ne devez jamais craindre de déranger les divinités, ni de les interrompre pendant qu'elles sont en train de s'occuper de quelque chose ou de quelqu'un qui serait plus important que vous. Vous, de même que la situation qui vous préoccupe, êtes d'une importance vitale pour elles, maintenant et toujours. Elles sont capables d'être simultanément avec toutes les personnes qui font appel à elles et d'avoir une expérience unique et personnalisée avec chacune d'entre elles. Les maîtres ascensionnés et les archanges n'ont pas de croyances limitatives et ne connaissent aucune restriction en matière de temps ou d'espace. Il leur fait grand plaisir de vous aider parce que, quand vous êtes en paix, le monde se rapproche d'autant plus de la paix universelle.

Abondance

Pour pouvoir disposer de plus grandes réserves d'argent, de nourriture, de temps, d'occasions ou de tout ce que vous voudriez avoir en plus grande quantité, cette prière a de puissants effets. Quand vous la récitez, prononcez les noms lentement, en sentant l'énergie qui émane de chacun d'eux :

« Chers Abundantia... Damara... Dana... Ganesh... Lakshmi... et Sedna, merci de l'abondance qui habite ma vie et qui m'offre une multitude de merveilleuses possibilités de faire rayonner ma lumière divine, dont les autres peuvent également bénéficier. Merci de la paix, du bonheur et de l'amour que vous m'apportez. Merci de tout

ce temps et de toute cette énergie dont je dispose pour réaliser mes rêves et mes désirs. Merci de ce solide soutien financier et de cette abondance financière. J'accepte avec reconnaissance tous vos présents et je vous demande de continuer de me les offrir. »

Clairvoyance

Cette prière peut vous aider à vous ouvrir et à augmenter vos aptitudes en matière de vision parapsychique. Pour disposer d'une puissance de clairvoyance encore plus grande, tenez un cristal de quartz transparent à la hauteur de votre troisième œil (l'endroit qui se trouve entre vos deux sourcils) tout en prononçant cette prière :

« *Lumière divine, je te demande de pénétrer par mon troisième œil et de l'emplir de lumière et de clarté afin de lui donner la capacité de voir clairement à travers le voile. Puissant Apollon, je te remercie d'avoir ouvert mon troisième œil ! Archanges Haniel, Jérémiel, Raphaël et Raziel, je vous remercie de votre énergie magique divine et de l'aide que vous m'apportez pour accroître ma vision spirituelle ! Victorieux Horus, merci de placer ton œil en face du mien pour que je puisse voir, comme toi, de façon multidimensionnelle ! Bien-aimée Kuan Yin, merci d'envoyer de l'énergie de ton troisième œil jusqu'au mien pour que je puisse voir l'amour qui réside en toute chose et en toute personne ! Très chère Sulis, merci d'invoquer le pouvoir de mon énergie de clairvoyance ! Je vous remercie tous de m'ouvrir pleinement et de me permettre de voir la vérité, la beauté, la lumière et la vie éternelle !* »

Communication avec les fées

Si vous souhaitez apercevoir des fées, ou du moins sentir un lien plus solide avec elles, essayez de dire cette prière alors que vous vous trouvez à l'extérieur. Elle se révélera particulièrement efficace si vous la récitez, mentalement ou à haute voix, dans un endroit où poussent les fleurs sauvages. Vous saurez que vous avez réussi à entrer en contact avec les fées lorsque vous éprouverez un besoin soudain et pressant de ramasser les déchets qui jonchent le sol. C'est de cette façon que le fées communiquent habituellement pour la première fois avec les humains. Si vous ramassez les déchets et que vous traitez les animaux et l'environnement avec un grand respect, les fées vous manifesteront leur appréciation en exauçant vos souhaits.

« Bien-aimée Dana, reine des lutins ; merveilleuse Diane, maîtresse des nymphes des bois ; puissante Mab, reine des fées ; Oonagh dorée, protectrice des fées, je vous demande votre aide pour communiquer avec le monde des élémentaux. Je voudrais que vous me présentiez aux fées et que vous leur demandiez de ma part comment je peux arriver à les mieux connaître. J'aimerais établir un lien avec les fées et les élémentaux. Je vous demande de me montrer comment y arriver, et d'aider mon esprit et ma vision spirituelle à s'ouvrir à la communication avec leur univers magique. Merci. »

Communication claire avec Dieu

Cette puissante prière peut vous aider à éliminer les blocages pour que vous puissiez entendre Dieu plus clairement et mieux percevoir ses conseils divins :

« Dieu, j'aspire profondément à établir une relation plus proche et une communication plus claire avec Toi. Je

Te demande de m'aider à m'ouvrir afin que je puisse clairement entendre, voir, sentir et percevoir les messages que Tu m'adresses. Jésus... Moïse... Babaji... Yogananda... vous avez démontré, durant votre passage sur Terre, une capacité d'entendre clairement Dieu. Je vous demande de m'aider à y arriver, moi aussi. Je vous prie de travailler avec moi pour que je m'ouvre totalement aux messages de Dieu et que j'aie confiance en ce que j'entends. Merci, Dieu. Merci, Jésus. Merci, Moïse. Merci, Babaji. Merci, Yogananda. »

Courage

Si vous vous sentez inquiet, anxieux, craintif ou vulnérable, cette prière peut vous procurer plus de courage et vous protéger du danger ainsi que vos proches.

« Puissants protecteurs des espaces célestes, puissants alliés, venez à mes côtés !

J'ai besoin de votre force, de votre courage et de votre protection. Je vous demande de venir à moi dès maintenant !

Merci, archange Michael, de me donner le courage d'aller de l'avant sans me laisser arrêter par la peur.

Merci, Ashtar, de me protéger sur tous les plans.

Merci, Brigit, de m'aider à devenir un guerrier plein de bienveillance capable de défendre ses croyances.

Merci, Cordélia, d'éliminer le stress et la tension de mon esprit et de mon corps.

Merci, Tara verte, d'apporter une réponse rapide à mes prières.

Merci, Horus, de m'aider à discerner clairement la vérité que recèle cette situation.

Merci, Kali, de m'aider à tenir bon.

Merci, Moïse, de m'aider à devenir un leader sans peur.

Merci, Saint-Germain, de m'aider à demeurer positif, enjoué et optimiste.

Merci à tous d'être venus à mes côtés et de m'aider à faire face à tous mes problèmes, qui ne sont qu'illusions, et à les surmonter. Merci de m'aider à grandir et à apprendre de toutes mes difficultés. Merci de me rappeler de respirer et de demeurer centré dans une atmosphère de paix ! »

Découverte de l'âme sœur

Si vous souhaitez vivre une relation amoureuse fondée sur la spiritualité, vous pouvez dire la prière suivante. Vous pouvez aussi amplifier le pouvoir de la prière en commençant par imaginer ce que vous ressentiriez si vous viviez une telle relation. Imaginez-vous aux côtés de votre âme sœur, avec qui vous vous sentez entièrement aimé et honoré, puis dites les paroles suivantes :

« *Dieux et déesses de l'amour envoyés des cieux ; AEngus et Aphrodite, déités masculine et féminine représentant la beauté et la tendresse ; Guenièvre et Iseult, qui apporte l'amour magique, je vous invite à mes épousailles spirituelles, alors que je serai marié à l'âme sœur par une union spirituelle. Je perçois l'être aimé au plus profond de mon corps et de mon âme. Je veux lui faire parvenir ce sentiment et je vous remercie de lui livrer ce message, tel un message sacré de la Saint-Valentin. Merci de me réunir à l'être aimé à partir des espaces célestes. Merci de nous guider l'un vers l'autre. Merci de nous unir en une bienheureuse union. Merci de veiller sur ma vie amoureuse.* »

Découverte de ses objectifs de vie

Voici une prière qui vous aidera à découvrir quels sont les objectifs de votre vie ainsi qu'à savoir quelle doit être votre prochaine démarche. La réponse à votre prière se présentera probablement sous la forme d'une combinaison de conseils et de signes divins. Les conseils divins sont des messages qui surgissent à l'intérieur de vous comme des sentiments, des pensées, des idées et des visions et qui vous indiquent quels sont vos vrais désirs. Les signes sont des messages répétitifs que vous voyez ou entendez et qui proviennent de sources extérieures à vous-même, comme une phrase que vous apercevez constamment sur des affiches ou dans les journaux ou qui revient plusieurs fois dans les conversations des gens. Il vaut mieux prendre note de ces messages internes et externes et chercher à déterminer si un thème commun s'en dégage, qui vous guidera vers votre prochaine démarche... et vers la réalisation de vos objectifs de vie.

« *Archange Michael... Jésus... Saint-Germain... et Vywamus, vous savez dans quelle direction je dois me diriger. J'ai besoin d'entendre, de sentir et de voir clairement cette information. J'ai besoin d'avoir confiance en cette prochaine étape que je suis sur le point d'entreprendre. Je voudrais aussi me sentir plein de courage et d'enthousiasme face à cette prochaine étape. Merci de me faire part de cette précieuse information, ainsi que de me procurer encouragement et motivation.*

Archange Chamuel... Brigit... saint François... Thot... et mon moi supérieur, bien-aimés équipiers divins dans la recherche d'un sens à ma vie, je vous suis reconnaissant de vos conseils clairs en ce qui a trait à mes objectifs de vie. Je vous remercie parce que je crois vraiment mériter le bonheur, la réussite et l'abondance. Je suis plein de reconnaissance à l'idée de me savoir digne de votre aide et de votre soutien. Merci, Dieu. Merci, divinités. Merci à vous tous. »

Dépendances et besoins obsessionnels

Si vous êtes vraiment prêt à éliminer une substance, un besoin obsessionnel ou une dépendance de votre vie, voici une méthode très efficace. Après que vous aurez dit cette prière, vous vous rendrez probablement compte que tous vos besoins obsessionnels ont disparu. Il se peut également que vous fassiez un dernier marathon de consommation excessive de la substance avant de mettre fin pour de bon à votre dépendance.

Commencez par imaginer que la substance, la personne ou la situation dont vous voulez vous dégager est assise sur vos genoux, puis imaginez qu'elle flotte dans les airs, à la hauteur de votre nombril. Voyez ou sentez tous les fils, les toiles et les racines qui relient votre nombril aux choses que vous êtes en train de laisser aller, puis dites la prière suivante :

« *Archange Raphaël, ange bien-aimé de la guérison ;*
Babaji, qui enseigne comment s'élever au-dessus du monde physique ;
Bien-aimée Devi, si pleine de compassion ;
Lumineuse Maât, qui apporte la lumière divine ;
Serapis Bey, qui veille sur l'ascension,
je vous demande de couper les cordons de la dépendance et des besoins obsessionnels. Je laisse maintenant aller toutes les dépendances et je m'ouvre complètement à la liberté et à la santé physique. »

Guérison d'un animal familier

Si votre chat, votre chien ou un autre animal éprouve des problèmes d'ordre physique, vous feriez bien de faire appel à l'aide des grands guérisseurs d'animaux des espaces célestes, qui sauront y remédier. En même temps que vous direz cette prière, regardez votre animal ou pensez à lui, ou encore contemplez une photo de votre fidèle compagnon :

« *Guérisseurs des cieux, j'aime* [nom de l'animal] *de tout mon cœur. Je vous demande d'unir mon amour au vôtre et d'envoyer le tout vers* [nom de l'animal]. *Très chère Aine, j'aimerais que tu enveloppes mon animal de ta lumineuse énergie aux reflets argentés, qui apporte paix et bonheur. Très cher Raphaël, je voudrais que tu enveloppes mon animal de ton énergie vert émeraude, qui procure santé et bien-être. Très chère Dana, je te demande de faire en sorte que l'organisme de mon animal soit équilibré et retrouve sa vitalité normale. Très cher saint François, je te demande de communiquer avec mon animal et de me faire savoir ce que je peux faire pour le réconforter.*

Merci, Aine... Raphaël... Dana... saint François... de votre travail de guérison. Merci d'apporter à mon animal une santé optimale et merci de le réconforter. Merci de nous remonter le moral à tous deux. Je remets maintenant cette situation entre vos mains et celles de Dieu, avec toute ma foi et toute ma confiance. »

Guérison d'un enfant

Si un enfant a besoin d'être guéri ou soulagé de la douleur, vous pouvez réciter la prière qui suit. On dit que quand des parents prient pour leurs enfants leurs prières sont d'abord exaucées dans le ciel.

Je vous recommande aussi de recopier cette prière à la main et de la placer bien en vue sur un bureau ou une étagère dans la chambre de l'enfant. Si l'enfant est à un âge où il peut réciter des prières, demandez-lui de dire cette prière avec vous :

« *Merci, Dieu, de procurer à mon enfant une santé parfaite. Merci d'installer la paix dans le corps de mon enfant. Merci, archange Raphaël, de ta puissante énergie de guérison, qui guérit rapidement tous les malaises à chaque respiration de mon enfant. Merci, Damara, de me réconforter et de me rassurer doucement, ainsi que mon enfant. Merci, Hathor, de me transmettre des directives claires sur la meilleure façon d'aider mon enfant. Merci, Vierge Marie, de veiller sur l'ensemble d'entre nous et de nous envoyer ta divine énergie de guérison. »*

Guérison personnelle

Si vous éprouvez des problèmes d'ordre physique, vous serez réconforté de savoir que vous pouvez faire appel à de puissants guérisseurs. Cette prière peut constituer un complément à tout autre traitement que vous suivez, qu'il soit d'ordre spirituel ou médical.

« Bien-aimé Jésus, bienveillant guérisseur de Dieu... bien-aimée Aine, bienveillante guérisseuse de Dieu ; bien-aimé archange Raphaël, bienveillant guérisseur de Dieu ; bien-aimé archange Zadkiel, bienveillant guérisseur de Dieu ; bien-aimée sainte Thérèse, bienveillante guérisseuse de Dieu, l'amour de Dieu est maintenant à l'intérieur de moi. Je suis entièrement habité et guéri par l'amour de Dieu. Jésus... Aine... Raphaël... Zadkiel... Thérèse... je vous suis extrêmement reconnaissant de l'assistance, de la guérison et du réconfort que vous m'apportez... Merci de m'envelopper et de m'emplir d'énergie positive. Merci de me nettoyer et de me purifier complètement. Je me sens parfaitement bien. Je me sens formidablement en forme, rempli de l'esprit de l'amour. Je suis plein d'énergie. Je suis heureux. Je me sens reposé et rafraîchi. Merci, Dieu. Merci, guérisseurs divins. »

Paix mondiale

Les divinités dont il est question plus loin veillent déjà sur le monde en prévenant les guerres et en parlant avec les leaders mondiaux de la nécessité de la paix. Nos prières aident grandement à donner un élan au mouvement vers la paix mondiale. Chaque prière ajoute beaucoup et possède assurément une très grande puissance, en plus d'être grandement nécessaire. Au nom de l'ensemble d'entre nous qui vivons sur cette planète, merci de dire cette prière (ou une autre du même genre) à intervalles réguliers :

« Dieu est paix... Dieu est partout... Par conséquent, la paix est partout, en vérité. C'est la vérité. Et je te remercie, Dieu, de cette vérité. Merci d'envoyer tes pasteurs de paix veiller sur nous, maintenant et toujours. Merci, archange Chamuel, d'aider l'ensemble d'entre nous à trouver la paix intérieure. Merci, Bouddha, d'être l'incarnation de la paix. Merci, Forseti, de résoudre les conflits de façon pacifique. Merci, Kuan Ti, des sages conseils que tu prodigues aux leaders mondiaux. Merci, Maitreya, de remplacer toute colère par de la joie. Merci, saint François, de nous aider à demeurer dévoués à la paix de Dieu. Merci, Jésus, de veiller sur toute l'humanité. Merci, Serapis Bey, de nous aider tous à vivre en réalisant notre plein potentiel. Merci, Yogananda, de nous aider à ressentir l'amour divin. »

Si une guerre est sur le point d'éclater, ou vient tout juste d'être déclarée, dites la prière suivante :

« Archange Michael, je te demande d'intervenir dans cette situation selon le degré auquel elle m'affecte. Je t'en prie, libère cet espace des énergies et des esprits inférieurs et transporte-les vers la lumière pour qu'ils fassent l'objet d'une guérison et d'une transmutation. Ashtar, je te

demande de veiller sur notre planète, et d'y assurer la paix et l'équilibre et de faire en sorte qu'elle demeure intacte. Athéna, je te prie d'intervenir dans la mesure où cette situation me touche et de travailler avec les leaders mondiaux en vue de trouver des solutions de rechange à la guerre. Ishtar, s'il te plaît, aide les gens à faire preuve de leadership et de force. Kuan Ti, aide l'ensemble d'entre nous à avoir suffisamment de clairvoyance pour comprendre les effets qu'auront demain les actions que nous posons aujourd'hui. Merci, leaders célestes. Merci, Dieu. Merci de la paix qui enveloppe ce monde et qui le traverse. Merci de la paix qui réside dans le cœur de tous et de toutes, partout. »

Vous pouvez ajouter à cette prière une visualisation de l'archange Michael en imaginant celui-ci en train de créer au-dessus de la planète une sorte d'aspirateur ayant pour effet de libérer de toute énergie négative l'ensemble des lieux géographiques traversés par un conflit.

Perte de poids

Pour perdre du poids de façon saine, il faut faire de l'exercice et s'alimenter convenablement. La prière indiquée ci-après peut stimuler votre motivation à vous remettre en forme physique et à réduire votre besoin de consommer des aliments à haute teneur en gras :

« Ciel, aide-moi à demeurer en bonne forme physique ainsi qu'à maintenir un poids sain. Je demande aux puissants motivateurs et coachs spirituels de venir vers moi maintenant. Apollon… Oonagh… Serapis Bey, j'ai besoin de votre aide magistrale. Je vous demande de stimuler mon désir de faire de l'exercice et de m'aider à trouver un programme de remise en forme qui soit compatible avec mon horaire, mon budget et mes intérêts. Aidez-moi à faire

le premier pas et à obtenir le soutien des membres de ma famille pour que je bénéficie de leur bénédiction dans ma démarche de remise en forme. Aidez-moi à obtenir des résultats tangibles pour que je continue de me sentir encouragé.

Archange Raphaël... Babaji... Devi... Maât, je remets maintenant entre vos mains mes envies obsessionnelles d'aliments à forte teneur en gras et en sucre... Vous savez quels sont les aliments et les boissons qui favorisent la santé et quels sont ceux qui ne me conviennent pas. Je vous demande d'apaiser mes besoins obsessionnels de façon à ce que mes désirs ne portent que sur des boissons et des aliments sains. S'il vous plaît, stimulez ma motivation à ne me nourrir que d'aliments légers et nutritifs et à ne boire que des boissons légères et naturelles.

Merci de veiller sur ma santé physique et sur mon bien-être. »

Protection et conseils pour votre enfant

Si vous vous inquiétez pour votre enfant, dites cette prière de protection et d'orientation. Elle contribuera à vous calmer ainsi qu'à protéger et à guider votre enfant :

« Dana... Hathor... Ishtar... mère Marie... déesses maternelles et guides des parents, je remets mes inquiétudes entre vos mains. Je vous demande de prendre soin de mon enfant dans cette situation [décrivez vos inquiétudes], de façon à ce que nous puissions tous retrouver la joie et nous sentir en paix. Je vous demande de me montrer comment guider mon enfant le mieux possible. Guidez mes paroles et mes actes de façon à ce que je puisse exprimer ma vérité d'une façon qui rejoindra mon enfant. S'il vous plaît, aidez-moi à demeurer centré ainsi qu'à garder foi et courage.

Archange Michael... Artémis... Kuan Yin... Vesta, puissants protecteurs des enfants, je vous demande de veiller de près sur mon enfant [dites le nom de votre enfant]. *Merci de surveiller étroitement mon enfant et de le protéger. Merci d'assurer sa sécurité, son bonheur et sa santé. Merci de guider mon enfant dans une direction qui lui apportera bénédictions, bien-être, sens et abondance. Merci, Dana... Hathor... Ishtar... mère Marie... archange Michael... Artémis... Kuan Yin... Vesta... de protéger et de guider mon enfant. Je vous suis profondément reconnaissant. »*

Résolution de conflits

Si vous avez eu un différend avec quelqu'un ou que vous vous trouvez au beau milieu d'un conflit, il est bon de faire appel à l'aide des divinités. La prière qui suit n'est pas conçue pour vous aider à gagner la bataille ou à amener l'autre personne à s'excuser. Elle vise simplement à installer un climat propice à la paix et au pardon :

« Bien-aimés aides des espaces célestes, je vous demande de venir à moi maintenant... Archange Raguel, divin dispensateur de justice... Athéna, déesse des solutions pacifiques... Forseti, qui régente la vérité et la justice... anges gardiens de [nommez la ou les personnes en cause dans le conflit], *je vous remercie de votre intervention. Je vous demande de livrer mon message à toutes les personnes concernées par cette situation et de leur transmettre mon désir de paix. Je souhaite une résolution rapide et pacifique de la situation, que je remets entièrement entre vos mains et celles de Dieu, sachant qu'elle est déjà résolue. Je sais que la vérité ne peut mener à autre chose qu'à la paix et que la paix est partout, y compris à l'intérieur de cette situation et à l'intérieur de toutes les personnes concernées. Je vous demande de me guider avec clarté en ce qui a trait à mon rôle dans la résolution pacifique de cette situation. Merci. »*

PARTIE III

Liste des divinités à invoquer pour des besoins précis

L'invocation des archanges
et des maîtres ascensionnés

Lorsque vous éprouvez un besoin précis, reportez-vous à la liste qui figure dans les pages suivantes pour savoir à quels archanges ou maîtres ascensionnés vous pouvez faire appel. Il vous sera ensuite possible d'utiliser cette information de nombreuses façons. Par exemple, vous pouvez placer votre main sur le nom des divinités indiquées dans la rubrique du besoin qui vous concerne. Tout en gardant la main en place, dites mentalement : « *Bien-aimées divinités, je fais appel à votre aide, à votre amour et à votre assistance pour* [décrivez la situation qui vous préoccupe]. *Merci de cette intervention divine.* »

Vous pouvez aussi, à partir de la liste, lire les renseignements fournis en première partie du présent livre concernant chacune des divinités susceptibles de vous venir en aide. De cette façon, vous approfondirez votre connaissance des archanges et des maîtres ascensionnés. En combinant les expériences et les interactions personnelles avec les divinités et les lectures sur l'histoire et les caractéristiques de chacune d'entre elles, vous établirez avec elles une relation extrêmement riche.

Il existe une façon rapide de régler un problème qui consiste à lire la liste de divinités correspondant à votre situation et à prononcer, et même à chanter, le nom de chacune d'entre elles lorsque vous dites votre prière. L'intention qui sous-tend votre prière est plus importante que les mots ou la méthode que vous employez. Les divinités perçoivent cette intention et répondent immédiatement avec amour. Aucune prière n'est refusée ou ignorée. Après tout, les archanges et les maîtres ascensionnés nous viennent en aide parce qu'ils mettent à exécution le plan divin, qui est d'établir la paix sur Terre, une personne à la fois. S'ils peuvent vous aider à trouver la paix par leur divine intervention dans les situation terrestres, ils le feront avec grand plaisir.

La liste qui suit englobe un grand nombre de situations et de besoins humains. Si vous n'y trouvez pas la situation particulière qui vous préoccupe, trouvez-en une qui lui ressemble de près. Vous pouvez aussi prier pour obtenir des conseils sur la divinité qui serait la plus susceptible de vous aider.

Abondance
Abundantia
Coventina
Damara
Dana
Ganesh
Lakshmi
Sedna

Réserves d'urgence
- Aeracura
- Tara verte

Alchimie
Archange Raziel
Archange Uriel
Dana
Lugh
Mab
Merlin
Saint-Germain

Alimentation saine
Hathor

Âme sœur, découverte de
Aengus
Archange Chamuel

Hathor

Amour – en recevoir et en donner
Kuan Yin
Maitreya

Amour divin
Jésus
Yogananda

Amour romantique
Aengus
Aphrodite
Guenièvre
Iseult
Krishna

Animaux
Chevaux – guérison et protection
- Mab

Communication
- Saint François

Élevage, gestation et accouchement

- Diane

Guérison
- Aine
- Archange Raphaël
- Dana
- Saint François

Protection
- Aine
- Archange Ariel
- Artémis
- Sedna

Retrouver des animaux égarés
- Archange Raphaël

Argent
Abundantia
Damara
Dana
Ganesh
Lakshmi
Sedna

Réserves d'urgence
- Aeracura
- Tara verte

Aromathérapie
Mab

Artisanat et artisans
Athéna
Lugh

Artistes et projets artistiques
Aeracura
Archange Gabriel
Archange Jophiel
Athéna
Ganesh
Hathor
Lugh
Serapis Bey

Ascension
Serapis Bey

Assurance
Archange Haniel

Attraits physiques
Aphrodite
Hathor
Mab
Oonagh

Augmentations de salaire
Lu-Hsing

Aura-Soma, thérapie
Melchizedek

Baleines
Coventina
Sedna

Beauté
Aphrodite
Archange Jophiel

Hathor
Isis
Lakshmi
Mab
Oonagh

Bénédictions
Krishna
Sulis

Besoins obsessionnels – élimination ou réduction
Apollon
Archange Raphaël

Besoins urgents
Aeracura
Tara verte

Bonheur durable
Lakshmi

Camping
Artémis

Capacités parapsychiques, accroissement des
Apollon
Archange Haniel
Archange Raziel
Coventina
Kuan Ti
Merlin
Thot

Capacités prophétiques, accroissement des
Apollon
Archange Jérémiel
Merlin
Serapis Bey
Thot

Carrière
Archange Chamuel
Lu-Hsing

Carrière dans le domaine de la radio – entrevues
Archange Gabriel

Carrière dans le domaine de la télévision – entrevues
Archange Gabriel

Cécité
Jésus
Saint Padre Pio

Célébrations
Cordélia
Hathor

Centré, capacité à demeurer
El Morya

Cérémonies nuptiales
Ganesh

Cérémonies sacrées
Nemetona

Chakras, dégagement des
Archange Michael
Melchizedek

Chaleur – dans les relations, à l'intérieur du corps et dans l'environnement
Brigit
Vesta

Chance
Abundantia

Changements de vie
Archange Jérémiel
Cordélia

Changements terrestres
Archange Uriel
Ashtar
Melchizedek

Clairvoyance, augmentation de la
Apollon
Archange Haniel
Archange Jérémiel
Archange Raphaël
Archange Raziel
Horus
Kuan Yin
Sulis

Clarification de l'esprit et des idées
Maât

Clémence
Kuan Yin
Mère Marie

Collaboration entre les gens
Archange Raguel

Communication claire avec Dieu
Babaji
Jésus
Moïse
Yogananda

Compassion
Archange Zadkiel
Ishtar
Kuan Yin
Tara

Concentration
Kali
Kuthumi
Saint-Germain

Conseils divins
Jésus
Moïse
Oonagh

Courage
Archange Michael
Ashtar
Brigit
Cordélia
Horus

Kali
Moïse
Saint-Germain
Tara verte

Cristaux
Melchizedek
Merlin

Cycle menstruel
Mab

Danse
Hathor
Oonagh

Dauphins
Coventina
Sedna

Décoration intérieure
Archange Jophiel

Défense des personnes traitées injustement
Archange Raguel

Dénouements heureux
Apollon
Archange Uriel

Dépendances, aide pour les surmonter
Archange Raphaël
Babaji
Devi

Maât
Serapis Bey

Désintoxication
Archange Raphaël
Devi
Melchizedek

Détermination
Kali

Deuil – réconfort et guérison
Archange Azraël

Dire ce qu'on pense, capacité de
Horus

Direction et orientation
Archange Michael
Jésus
Saint-Germain
Vywamus

Divination
Merlin
Thot

Divorce
Prise de décision en matière de
- Damara

Se remettre d'un
- Iseult

Doigts, guérison des
Sedna

Douceur
Ishtar
Kuan Yin

Eau
Propreté
- Coventina

Protection des océans et des lacs
- Archange Ariel
- Sedna

Réserves suffisantes
- Coventina

Écrivains et projets d'écriture
Archange Gabriel
Archange Métatron
Archange Uriel
Athéna
Ganesh
Thot

Ego – dépassement
Bouddha
Jésus
Moïse
Sanat Kumara

Élégance
Aphrodite

Élémentaux (fées, lutins, etc.) – les voir, les entendre et communiquer avec eux
Dana
Diane
Mab
Oonagh

Emploi
Lu-Hsing

Encouragement
Vywamus

Énergie
Archange Michael
Pele
Sanat Kumara

Énergie lunaire
Archange Haniel

Enfants
Accouchement sans douleur
- Diane

Adoption
- Archange Gabriel
- Artémis
- Mère Marie

Conception et fertilité
- Aine
- Archange Gabriel
- Artémis
- Dana

- Hathor
- Ishtar
- Mère Marie

Conseils et direction
- Damara

Délinquance, sortir de la
- Saint François

Détermination du sexe de l'enfant à naître
- Archange Sandalphon

Éducation
- Dana
- Hathor
- Ishtar
- Mère Marie

Enfants cristal
- Archange Métatron
- Mère Marie

Enfants indigo
- Archange Métatron
- Melchizedek
- Mère Marie

En général
- Archange Métatron
- Artémis
- Kuan Yin
- Mère Marie

Garde des enfants

- Damara

Guérison
- Archange Raphaël
- Damara
- Jésus
- Mère Marie
- Sainte Thérèse

Jumeaux
- Diane

Professionnels qui viennent en aide aux enfants
- Archange Métatron
- Mère Marie

Protection
- Archange Michael
- Artémis
- Kuan Yin
- Melchizedek
- Vesta

Relation mère-fils
- Horus
- Mère Marie

Trouble déficitaire de l'attention (TDA ou THDA)
- Archange Métatron

Engagement
Dans une relation amoureuse
- Aphrodite

Envers ses propres croyances
- Archange Michael
- Maât

Enjouement
Aine

Enseignement
Archange Métatron
Archange Michael
Mère Marie
Thot

Entrevues pour trouver un emploi
Lu-Hsing

Environnement – préoccupations en la matière
Aine
Archange Ariel
Artémis
Coventina
Saint François

Équilibre
Bouddha

Équité
Forseti

Ésotérique, information à caractère
Archange Raziel

Ashtar
Melchizedek

Esthétique
Lakshmi

Estime de soi
Archange Michael
Dana
Diane
Isis

Êtres chers récemment décédés – aide et réconfort spirituel
Archange Azraël

Étudiants et études
Archange Uriel
Archange Zadkiel

Exercice
Apollon
Oonagh
Serapis Bey

Extraterrestres
Ashtar

Famille
Divorce d'un couple avec enfants
- Damara

Harmonie
- Archange Raguel

- Damara

Féminité
Aphrodite

Femmes
Protection
- Aine
- Archange Michael
- Artémis

Femmes, problèmes propres aux
Guenièvre

Feng Shui
Melchizedek

Figures d'autorité – capacité d'entrer en rapport avec elles sans être intimidé
Moïse
Saint-Germain

Fleurs
Cordelia
Krishna
Sainte Thérèse

Foi, intensification de la
Aine
Archange Raphaël
El Morya
Jésus
Moïse

Force
Horus

Forme physique
Apollon
Oonagh
Serapis Bey

Foyer
Argent pour les besoins domestiques
- Damara
- Lakshmi

Purification de l'espace à l'intérieur de la maison
- Archange Michael
- Archange Raphaël
- Artémis
- Kuan Ti
- Kuan Yin
- Lakshmi
- Saint-Germain
- Saint Jean de Dieu
- Sanat Kumara
- Salomon
- Vesta

Purification de l'espace dans les cours avant et arrière
- Nemetona

Gentillesse
Kuan Yin
Mère Marie

Géométrie sacrée
Thot

Gestion du stress
Cordélia

Grâce
Archange Haniel

Grossesse
Accouchement sans douleur
- Diane

Détermination du sexe de l'enfant à naître
- Archange Sandalphon

Harmonie
- Hathor

Jumeaux
- Diane

Guérison
À la suite d'un deuil
- Archange Azraël

À la suite d'une rupture amoureuse, d'un divorce ou d'une séparation
- Iseult

Avec des cristaux
- Merlin
- Melchizedek
- Saint-Germain

Avec l'aromathérapie
- Mab

Avec l'Aura-Soma
- Melchizedek

Avec l'eau
- Coventina
- Sulis

Avec le travail énergétique
- Merlin
- Melchizedek

Capacités de
- Archange Haniel
- Archange Raphaël
- Jésus
- Mab
- Saint Padre Pio

De la cécité
- Jésus
- Saint Padre Pio

Des animaux
- Aine
- Archange Ariel
- Archange Raphaël

Des chevaux
- Mab

Des dépendances
- Archange Raphaël
- Babaji

- Devi
- Maât
- Serapis Bey

Des mains et des doigts
- Sedna

Des personnes hospitalisées pour des troubles mentaux ou physiques
- Saint Jean de Dieu

Des problèmes cardiovasculaires et cardiaques
- Saint Jean de Dieu

Des troubles de la vision
- Archange Raphaël
- Jésus
- Saint Padre Pio
- Sulis

Du syndrome prémenstruel (SPM)
- Mab

Émotionnelle
- Archange Zadkiel
- Jésus
- Lugh
- Saint Jean de Dieu
- Vywamus

En général
- Archange Raphaël

- Ishtar
- Jésus
- Saint Jean de Dieu
- Saint Padre Pio
- Sainte Thérèse
- Sanat Kumara
- Vywamus
- Yogananda

Ménopause
- Mab

Physique
- Aine
- Archange Raphaël
- Archange Zadkiel
- Jésus
- Saint Jean de Dieu
- Sainte Thérèse

Relations
- Aine

Guérisseurs, conseils et soutien aux
Archange Raphaël
Jésus
Melchizedek
Saint Jean de Dieu
Saint Padre Pio

Guerres – les éviter ou les stopper
Archange Michael
Ashtar
Athéna

Ishtar
Kuan Ti

Harmonie
Au sein des familles
- Archange Raguel
- Damara

Au sein des groupes
- Archange Raguel

En général
- Archange Uriel

En voyage
- Archange Raphaël

Humour
Maitreya

Inspiration
Vywamus

Intégrité
Maât

Intuition, accroissement de
Artémis
Sedna

Inventeurs
Aeracura

Investissements financiers
Abundantia

Jardinage
Cordélia
Krishna
Sainte Thérèse
Sulis

Joie
Aine
Bouddha
Cordélia
Isis
Maitreya
Saint Jean de Dieu

Journalisme
Archange Gabriel

Jumeaux
Diane

Justice, établissement de la
Athéna
Ida-Ten

Kabbale – étude et compréhension
Salomon

Labyrinthes
Archange Raziel
Melchizedek
Nemetona
Salomon

Leadership
Melchizedek

Moïse

Liberté pour les prisonniers accusés à tort et les prisonniers de guerre
Kuan Ti

Longévité
Tara blanche

Lumière divine
Vesta

Magie divine
Archange Ariel
Archange Raziel
Dana
Isis
Lugh
Maât
Merlin
Salomon
Thot

Mains, guérison des
Sedna

Maîtrise du feu
Vesta

Manifestations
Aeracura
Archange Ariel
Archange Raziel
Babaji
Damara

Jésus
Melchizedek
Saint-Germain
Salomon

Manipulations spatiotemporelles
Merlin

Mariage
Aphrodite
Ishtar

Mathématiques
Melchizedek
Thot

Médiation des différends
Archange Raguel

Méditation
Bouddha
Jésus
Yogananda

Mémoire, accroissement de la
Archange Zadkiel
Kuthumi

Ménopause
Mab

Merveilleuses pensées
Archange Jophiel

Miracles
Jésus
Moïse

Motivation
À faire de l'exercice
- Apollon
- Oonagh
- Serapis Bey

À manger sainement
- Apollon
- Archange Michael

À réaliser ses objectifs de vie
- Archange Michael
- Kuthumi
- Vywamus

Musique et musiciens
Aengus
Archange Gabriel
Archange Sandalphon
Hathor
Kuan Yin
Lugh
Serapis Bey

Natation
Coventina
Sedna

Navigation à voile
Sedna

Nourriture
Abondance des réserves
- Jésus
- Lakshmi
- Sedna

Purification et spiritualisation
- Krishna

Objectifs, établissement et atteinte des
Pele
Saint-Germain

Objectifs de vie
Archange Chamuel
Archange Michael
Brigit
Kuthumi
Saint François
Saint-Germain
Thot
Vywamus

Objets de valeur, protection des
Abundantia

Objets perdus – les retrouver
Archange Chamuel
Archange Zadkiel

Obstacles – les éviter et les surmonter

Ganesh

Tara

Ordre et organisation
Archange Métatron
Archange Raguel
Kuthumi
Maât

Ouragans, détournement et dissipation des
Sedna

Paix
Domestique
- Ganesh

Mondiale
- Archange Chamuel
- Babaji
- Bouddha
- Forseti
- Kuan Ti
- Maitreya
- Saint François
- Serapis Bey
- Yogananda

Personnelle
- Babaji
- Bouddha
- Forseti
- Kuthumi
- Lakshmi
- Maitreya
- Saint François

- Serapis Bey
- Yogananda

Pardon
Archange Zadkiel
Jésus
Saint Padre Pio

Passion, intensification de la
Aengus
Aine
Aphrodite
Iseult
Pele
Vesta

Persévérance
Kuthumi
Saint-Germain

Perte de poids
Apollon
Archange Raphaël
Oonagh
Serapis Bey

Pilotes
Sainte Thérèse

Pilotes et équipages de lignes aériennes
Sainte Thérèse

Poésie
Lugh

Pouvoir et force féminins
Artémis
Brigit
Isis
Kali
Mab
Pele

Préoccupations propres aux lesbiennes
Diane

Priorités, établissement des
Pele

Prise de décision
El Morya
Hathor

Prise en main personnelle
Archange Raziel
Pele

Problèmes d'ordre juridique, résolution des
Forseti
Ida-Ten
Kuan Ti

Problèmes d'ordre mécanique, réparation des
Apollon
Archange Michael

Produits de beauté
Hathor

Promotions au travail
Lu-Hsing

Prophéties sur les événements mondiaux
Kuan Ti

Protection
Contre la tromperie et la manipulation
- Maât

Contre les attaques parapsychiques
- Athéna
- El Morya
- Ishtar
- Melchizedek
- Saint-Germain

Contre les énergies inférieures
- Archange Michael
- Ishtar

Contre les persécutions religieuses ou spirituelles
- Babaji
- Ida-Ten

Dans la sphère juridique
- Forseti
- Ida-Ten

Des animaux
- Aine

- Archange Ariel
- Artémis
- Mab

- Kali
- Lugh
- Tara

Des centres spirituels
- Ida-Ten

Des enfants en particulier
- Artémis
- Kuan Yin
- Vesta

Des femmes en particulier
- Aine
- Artémis
- Brigit
- Kuan Yin

Des objets de valeur
- Abundantia

Des océans et des lacs de la pollution
- Archange Ariel
- Sedna

Des voyageurs et de leurs bagages
- Archange Raphaël

En général
- Archange Michael
- Artémis
- Ashtar
- Athéna
- Brigit

Purification de l'esprit
Archange Michael
Archange Raphaël
Kuan Ti
Melchizedek
Sanat Kumara
Salomon

Purification et propreté
Coventina
Maât

Ralentissement du rythme de vie
Archange Jophiel

Randonnée pédestre
Artémis

Relations
Attirer à soi l'amour romantique
- Aengus
- Aphrodite
- Guenièvre
- Iseult

Communication honnête
- Pele

Construction et consolidation

- Archange Chamuel

Engagement
- Aphrodite

Guérison
- Aine

Lesbiennes
- Diane

Les rendre plus chaleureuses
- Brigit
- Vesta

Mariage
- Ishtar

Mère-fils
- Horus

Ruptures, divorces et séparations – se remettre de ces épreuves
- Iseult

Tous les aspects
- Devi
- Ishtar
- Krishna
- Oonagh

Remettre les choses au lendemain, cesser de
Archange Michael

Pele
Vywamus

Réponse aux prières
Archange Sandalphon
Jésus
Kuan Yin

Réserves d'argent pour les cas d'urgence
Aeracura
Tara verte

Résolution des différends
Archange Raguel
Athéna
Forseti

Résolution des difficultés
Apollon
Archange Michael
Archange Uriel
Jésus
Lugh

Respiration, travail de
Babaji

Rêves
Archange Jérémiel
Sedna

Rire
Maitreya

Roues de médecine

Nemetona

**Ruptures amoureuses –
capacité de s'en remettre**
Iseult

Sagesse
Ganesh
Salomon

Sens à sa vie, donner un
Devi
Saint François

**Sentiment de mérite
personnel**
Archange Michael
Dana

Sexualité
Aphrodite
Ishtar
Pele

Simplification de la vie
Babaji

Soirées entre amis
Hathor

Soutien
  Des personnes en deuil
  • Archange Azraël

Spiritualité
  Compréhension

- Archange Métatron
- Archange Uriel
- Ashtar
- Bouddha
- Jésus
- Sanat Kumara
- Salomon
- Tara verte

Croissance
- Babaji
- Bouddha
- Saint Padre Pio

Dévotion
- Saint François

Éveil spirituel
- Krishna

Illumination
- Bouddha
- Kuan Yin
- Sanat Kumara
- Tara blanche

Sports
Apollon

**Syndrome prémenstruel
(SPM)**
Mab

Talents, découverte de ses
Archange Michael
Vywamus

Température
Augmentation de
l'ensoleillement
- Apollon

En général
- Archange Uriel
- Ishtar

Ténacité
Kali

Tenue d'archives
Archange Métatron

Transformations physiques
Merlin

Travail énergétique et guérison
Melchizedek
Merlin

Unité de toutes les croyances religieuses
Babaji
Yogananda

Végétarisme
Krishna

Vérité
Forseti
Ida-Ten

Maât

Vision
Archange Raphaël
Horus
Jésus
Saint Padre Pio
Sulis

Vitalité
Archange Michael

Voyageurs – protection, ordre et harmonie
Archange Raphaël
Ganesh

Yoga, pratique du
Babaji
Yogananga

ANNEXE

Glossaire des termes

Archange – Être puissant qui est placé au-dessus de l'ange et qui a des fonctions particulières, comme l'apaisement des peurs, la protection des humains et la guérison. Les différents groupes spirituels et religions n'ont pas tous le même nombre d'archanges. Selon certains, il n'y en aurait que quatre, alors qu'on en compterait sept selon d'autres. D'autres encore affirment que leur nombre est illimité.

Artisan de lumière – Humain qui se sent appelé à venir en aide à la Terre et à ses habitants en faisant appel à l'énergie spirituelle. Par exemple, un artisan de lumière peut se sentir appelé vers le domaine de la guérison, de l'enseignement ou de la création artistique pour contribuer à améliorer la situation de la planète.

Ascension – Processus consistant, pour une personne, à revenir à un état d'unité pleine et entière avec Dieu ainsi qu'avec l'esprit qui unit tous les êtres dans une grande fraternité universelle. Les êtres qui connaissent une ascension passent outre à la mort physique et leur corps s'élève vers le ciel en même temps que leur âme. Le terme *ascension* est également employé dans le sens d'un éveil spirituel et d'une illumination.

Avatar – Humain qui a connu l'illumination. Habituellement, les avatars sont des faiseurs de miracles et des maîtres spirituels.

Bodhisattva – Dans le bouddhisme, ce terme fait référence à une personne qui a atteint un tel degré d'éveil qu'elle est prête à devenir un Bouddha.

Chohan – Terme employé parmi les théosophes et dans les

cercles du nouvel âge afin de décrire la spécialité des maîtres ascensionnés. Par exemple, on peut parler de chohan de l'amour et de l'illumination.

Déesse – Aspect de Dieu, notre Créateur, qui possède une énergie ou une identité féminine.

Déité – Être que l'on révère pour la contribution spirituelle qu'il apporte pendant la durée de son passage sur Terre et pour l'aide qu'il continue d'apporter à partir des espaces célestes.

Dieu – Lorsque ce terme est employé avec un *d* minuscule (dieu), il fait référence à un aspect du Créateur, ce dernier s'écrivant avec un *D* majuscule (Dieu). Un dieu possède une énergie ou une identité masculine.

Divinité – Être qui travaille directement avec le Créateur ou la force universelle afin d'aider la Terre et ses habitants. Les termes *déité* et *divinité* sont interchangeables dans de nombreux contextes.

Grande fraternité blanche – Leaders spirituels qui, à partir du ciel, veillent à la sécurité et à la bonne marche spirituelle de la Terre et de ses habitants et aident les artisans de lumière qui œuvrent au bien-être de la planète. Ce terme ne fait aucunement référence à l'ensemble des hommes de race blanche, mais plutôt à la lumière blanche qui enveloppe les membres du conseil, lequel comprend aussi des déesses.

Kabbale – Tradition juive s'appuyant sur d'anciens textes judaïques qui abordent les secrets divinatoires et mystiques en utilisant des symboles et des nombres et qui reposent sur une sagesse inspirée de la Torah. (On l'écrit aussi *cabale*.)

Maître ascensionné – Grand enseignant spirituel ou guérisseur qui a déjà existé dans la dimension terrestre en tant qu'humain et qui continue d'apporter son aide... à partir des espaces célestes.

Purification de l'espace – Action d'éliminer les énergies négatives d'un lieu, comme un domicile, un bureau, une chambre, un temple, une arrière-cour ou une cour d'arrivée.

Purification de l'esprit – Action d'éliminer les énergies négatives du corps et de l'aura d'une personne ou d'un animal.

Transformation physique – Capacité d'adopter différentes apparences physiques. Ce processus se produit parfois à volonté, parfois de façon inconsciente.

Triple déesse – Trois aspects de la féminité : la vierge, la mère et la vieille furie. Une triple déesse possède certains aspects de la personnalité ou du comportement de la vierge, qui représente la pureté, la douceur et l'innocence. Elle possède aussi un côté maternel, ce qui signifie qu'elle agira à la façon d'une matrone et d'une mère nourricière. Elle manifestera également certains traits de caractère de la furie, ce qui veut dire qu'elle aura un côté sombre et colérique en même temps qu'une sagesse et de l'aisance à transmettre ses enseignements.

Index des divinités

Bibliographie

ANN, Martha et Imel, et Dorothy MYERS. *Goddesses in World Mythology : A Biographical Dictionary*, Santa Barbara, Californie, Oxford University Press, 1993.

BETZ, Hans Dieter (éd.). *The Greek Magical Papyri in Translation*, Chicago, The University of Chicago Press, 1986.

La *BIBLE*, New King James Version.

BOUCHER, Sandy. *Discovering Kwan Yin : Buddhist Goddess of Compassion*, Boston, Beacon Press, 1999.

BROOKE, Elisabeth. *Medicine Women : A Pictorial History of Women Healers*, Wheaton, Illinois, Quest Books, 1997.

BUNSON, Matthew. *Angels A to Z : A Who's Who of the Heavenly Host*, New York, Three Rivers Press, 1996.

CANNON, Dolores. *Jesus and the Essenes*, Huntsville, Arkansas, Ozark Mountain Publishing, 1999.

CANNON, Dolores. *They Walked with Jesus*, Huntsville, Arkansas, Ozark Mountain Publishing, 2000.

CHARLESWORTH, James H. (éd.). *The Old Testament Pseudepigrapha : Apocalyptic Literature & Testaments*, New York, Doubleday, 1983.

COULTER, Charles Russell et Patricia TURNER. *Encyclopedia of Ancient Deities*, Jefferson, Caroline du Nord, McFarland & Company, Inc. 1997.

A Course in Miracles (Foundation for Inner Peace, Mill Valley, Californie, 1992).

CRAUGHWELL, Thomas J. *Saints for Every Occasion : 101 of Heaven's Most Powerful Patrons*, Charlotte, Caroline du Nord, Stampley Enterprises Inc., 2001.

DAVIDSON, Gustav. *A Dictionary of Angels : Including the Fallen Angels*, New York, The Free Press, 1967.

DOREAL (traducteur et interprète). *The Emerald Tablets of Thoth-the-Atlantean*, Nashville, Tennessee, Source Books Inc., 1996.

EPSTEIN, Perle S. *Oriental Mystics and Magicians*, New York, Doubleday, 1975.

ESHELMAN, James. *The Mystical & Magical System of The A.A. – The Spiritual System of Aleister Crowley & George Cecil Jones Step-by-Step*, Los Angeles, The College of Thelema, 2000.

FORREST, M. Isidora. *Isis Magic : Cultivating a Relationship with the Goddess of 10,000 Names*, St. Paul, Minnesota, Llewellyn Publications, 2001.

HALL, Manly P. *The Secret Teaching of All Ages : An Encyclopedic Outline of Masonic, Hermetic, Qabbalistic, and Rosicrucian Symbolical Philosophy*, The Philosophical Research Society.

JAMES, Simon. *The World of the Celts*, Londres, Thames and Hudson, 1993.

JONES, Kathleen. *Women Saints : Lives of Faith and Courage*, Kent, Angleterre, Burns and Oates, 1999.

JOHNSON, K. Paul. *The Masters Revealed : Madame Blavatsky and the Myth of the Great White Lodge*, Albany, State University of New York Press, 1994.

JOTHI, révérand. *dharma*. Entrevue téléphonique, 16 octobre 2002.

KYOKAI, B.D. *The Teaching of Buddha*, Tokyo, Society for the Promotion of Buddhism, 1966.

La PLANTE, Alice et Clare. *Heaven Helps Us : The Worrier's Guide to the Patron Saints*, New York, Dell Publishing, 1999.

LAURENCE, Richard (traducteur). *The Book of Enoch the Prophet*, Kempton, Illinois, Adventures Unlimited Press, 2000.

LEWIS, James R., et Evelyn Dorothy OLIVER. *Angels A to Z*, Detroit, Visible Ink Press, 1996.

LOPEZ, Donald Jr. (dir.). *Religions of China in Practice*, Princeton, New Jersey, Princeton University Press, 1996.

MAKARIOS, hiéromoine de Petra Simonos. *The Synaxarion : The Lives of Saints of the Orthodox Church*, vol. I, Chalkidike, 1998.

MARKALE, Jean. *Merlin : Priest of Nature*, Rochester, Vermont, Inner Traditions, Int'l., 1995.

MATHERS, S.L. MacGregor, S.L. *The Key of Solomon the King*, réimpression traduite, York Beach, Maine, Samuel Weiser, 1986.

MATTHEWS, Caitlin. *The Celtic Book of Days : A Celebration of Celtic Wisdom*, Dublin, Irlande, Gill & Macmillan, Ltd., 1995.

McCOY, Edain. *Celtic Myth and Magick : Harnessing the Power of the Gods and Goddesses*, St. Paul, Minnesota, Llewellyn Publications, 2002.

MONAGHAN, Patricia. *The New Book of Goddesses and Heroines*, St. Paul, Minnesota, Llewellyn Publications, 2000.

MORGAN, James C. *Jesus and Mastership : The Gospel According to Jesus of Nazareth as Dictated through James Coyle Morgan*, Tacoma, Washington, Oakbridge University Press, 1989.

RONNER, John. *Know your Angels*, Murfreesboro, Tennessee, Mamre Press, 1993.

RUNYON, C.P. *The Book of Solomon's Magick*, Silverado, Californie, Church of the Hermetic Sciences Inc., 2001.

« Saint-Germain, comte de », encyclopédie *Britannica*.

SAKYA, Jnan B. *Short Descriptions of Gods, Goddesses, and Ritual Objects of Buddhism and Hinduism in Nepal*, Kathmandu, Népal, Handicraft Association of Nepal, 1998.

SAVEDOW, Steve (éditeur et traducteur). *Sepher Razial Hemelach : The Book of the Angel Raziel*, York Beach, Maine, Samuel Weiser, Inc., 2000.

STARCK, Marcia. *Women's Medicine Ways : Cross-Cultural Rites of Passage*, Freedom, Californie, The Crossing Press, 1993.

STEWART, R.J. *Celtic Gods, Celtic Goddesses*, Londres, Cassell & Co., 2000.

TELESCO, Patricia. *365 Goddess : A Daily Guide to the*

Magic and Inspiration of the Goddess, New York, Harper San Francisco, 1998.

TROBE, Kala. *Invoke the Goddess : Visualizations of Hindu, Greek & Egyptian Deities*, St. Paul, Minnesota, Llewellyn Publications, 2000.

VESSANTARA. *Meeting the Buddhas : A Guide to Buddhas, Bodhisattvas, and Tantric Deities*, Birmingham, Angleterre, 1998.

YU, Chun-fang. *Kuan-Yin : The Chinese Transformation of Avalokitesvara*, New York, Columbia University Press, 2000.

À propos de l'auteure

Clairvoyante et titulaire d'un doctorat en psychologie, **Doreen Virtue, Ph.D.**, est une métaphysicienne de la quatrième génération qui explore, tant dans ses écrits que dans ses ateliers, les dimensions angélique et élémentaire ainsi que tout ce qui touche les maîtres ascensionnés. Doreen a donné de nombreuses conférences dans le monde entier sur les sujets dont elle traite dans ses livres, en plus d'être fréquemment invitée à de nombreuses émissions de télévision locales et nationales telles que *Oprah*, *CNN*, *Good Morning America*, *The View*, *Beyond with James Van Praagh* et bien d'autres. Elle est l'auteure des best-sellers *Healing with the Angels* et *Messages from your Angels* (également offerts sous forme de cartes divinatoires). L'adresse de son site Web est **www.AngelTherapy.com**.

Notes

Notes

Notes

Notes

Notes

Notes

Notes

Notes

Notes

Notes

Notes